nternationales
Symposium
für Sport und
Sporterziehung,
Taiwan 2010

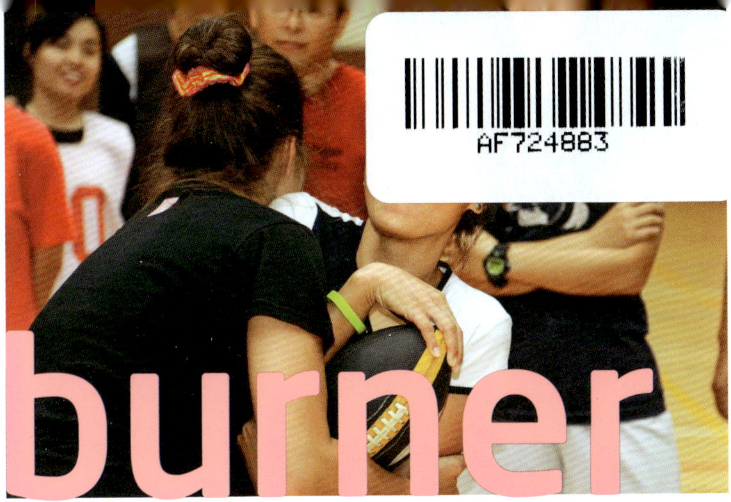

burner games

Kleine Spiele mit großem Spaßfaktor

Vorwort

«Das isch der Burner!» ist ein hierzulande beliebter Modeausdruck von Jugendlichen und beschreibt eine besonders «coole» Sache, in diesem Fall «coole» Spiele. Die «Burner Games» lehnen sich nicht an die Sportspiele an, sondern bilden quasi eine eigene Gattung innerhalb der Spiele.

Burner Games sind sehr intensiv – sie brauchen physische wie auch mentale Kraft. Die Spielenden sollen sich messen, gegeneinander laufen und kämpfen, sich gegenseitig jagen und abwerfen. Das macht mehr als nur Spaß: Man lernt dabei, Niederlagen zu ertragen und mit Frustration umzugehen.

Auch ein angemessener Umgang der Spielenden untereinander entwickelt sich – die Spielenden merken von selber, dass es nicht gut ankommt, schwächere Schüler in hilfloser Situation rücksichtslos zu behandeln. Wenn nicht, bietet die Situation einen idealen Anlass, das Sozialverhalten im Klassenverband zu thematisieren.

Zudem fördern die Spiele in ausgeprägtem Maße Geschicklichkeit, Reaktionsfähigkeit und je nach Form auch Ausdauer und Kraft.

Alle Spiele sind praxiserprobt. Der Einfachheit halber wurde in diesem Buch oft nur die männliche Schreibweise verwendet. Selbstverständlich gelten alle Informationen für beide Geschlechter.

Einleitung

Die richtige Wahl
Je nach Klasse, Situation und Tageszeit ist das eine Spiel geeigneter als das andere. Deshalb gibt es eine Einteilung in drei Bereiche: Kennenlern- und Kommunikationsspiele, Aufwärmspiele und Intensivspiele. Ferner ist jedes Spiel mit 1–3 Flammensymbolen grafisch kurz charakterisiert, damit man auf einen Blick Intensität, Material- und Zeitaufwand erkennen kann.

Burner – Kommunikations- und Kennenlernspiele
Diese Spiele eignen sich nicht nur für Lektionseinstiege. Sie wecken die «Lebensgeister» und sind tolle «Eisbrecher» in neuen Lerngruppen. Sie sind körperlich nicht sehr intensiv, können daher auch im Alltagskontext gespielt werden, wie z. B. im Schulzimmer, auf dem Pausenplatz, im Lager oder in der Projektwoche.

Burner – Aufwärmspiele
Hier werden Kopf und Muskulatur sofort auf Trab gebracht. Diese Sammlung bietet erprobte Lieblings-Aufwärmspiele.

Burner – Intensivspiele
In diesem Kapitel wird wirklich Vollgas gegeben. Fantasievolles Rollenspiel hat ebenso Platz wie wilde Jagd und körperbetonter Kampf. Go for it!

Viel Spaß mit den Burner Games!
Muriel Sutter

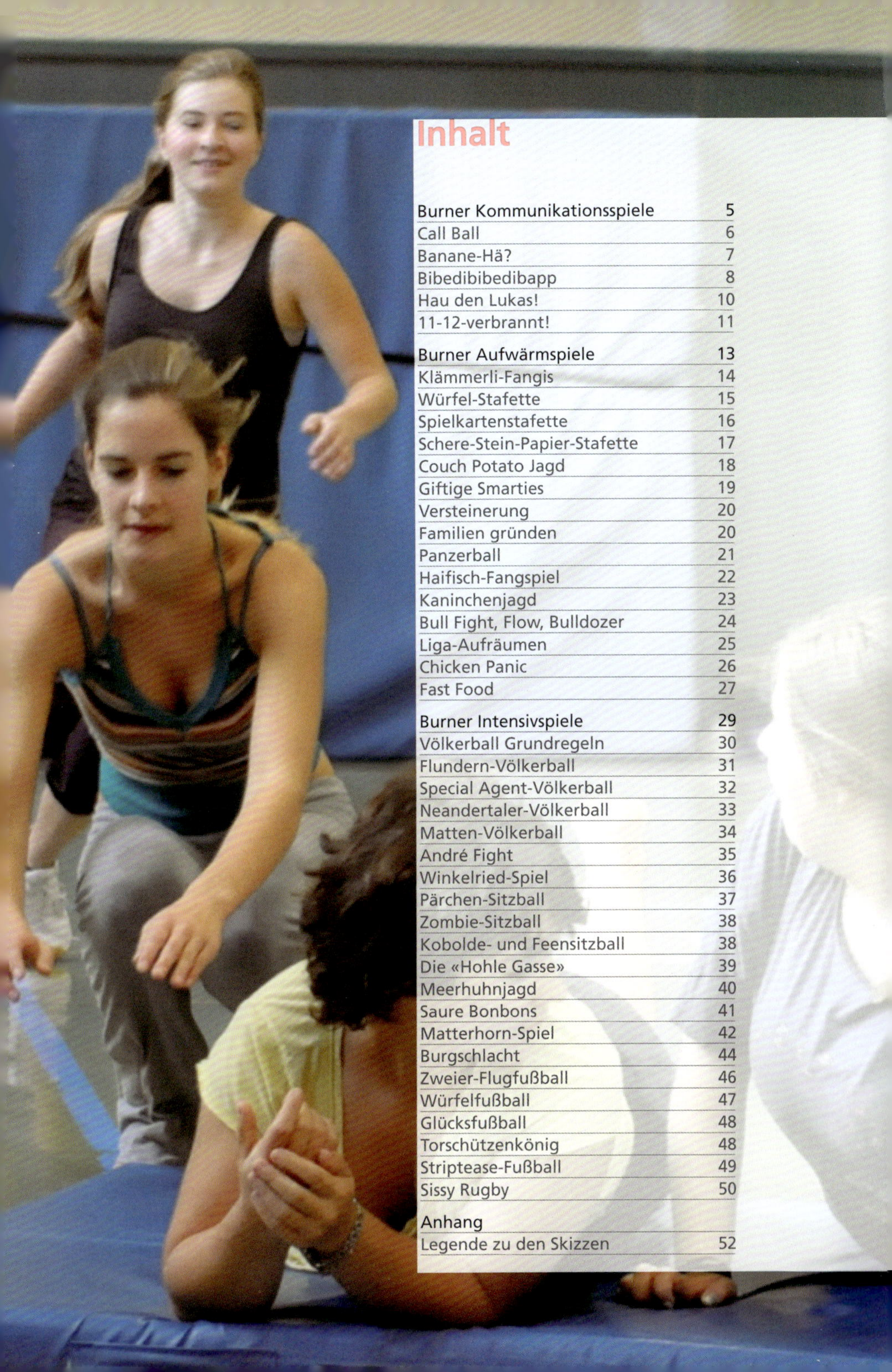

Inhalt

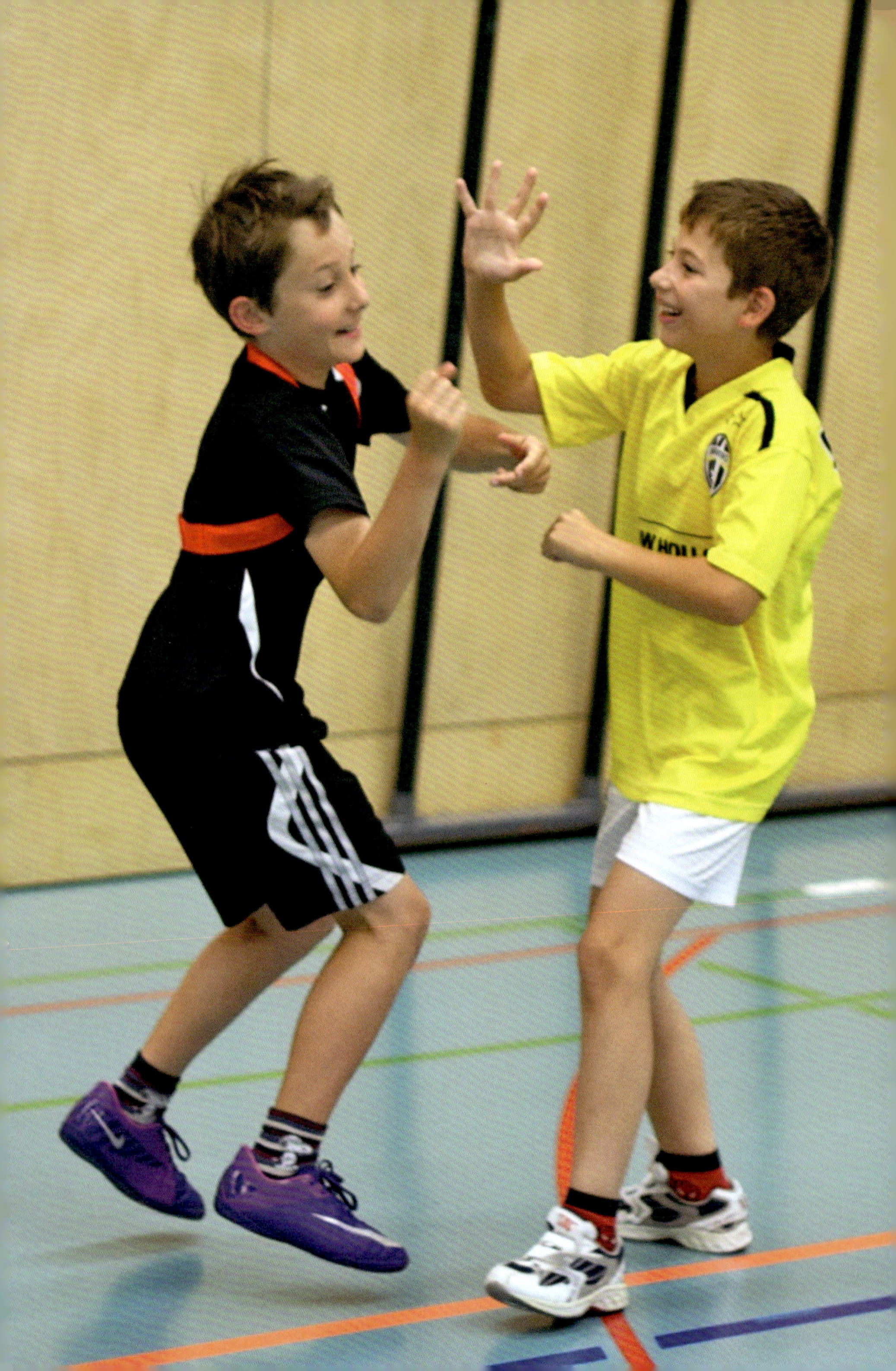

Kommunikations- & Kennenlernspiele

Sie stehen zum ersten Mal vor einer Lerngruppe und suchen einen «Eisbrecher». Es ist 7.30 Uhr morgens und eine Gruppe Teenager blickt Sie missmutig an. Sie sind gerade im Lagerhaus angekommen und möchten die Aufmerksamkeit auf sich lenken, um Mitteilungen zu machen. Oder möchten Sie eine Schulklasse nach einem schwierigen Test aufmuntern? Hier finden Sie Inspiration.

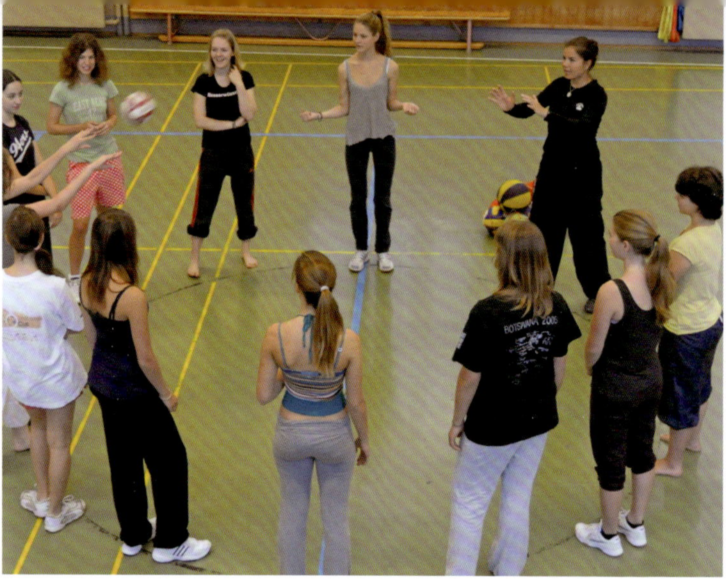

Action-Foto
Call Ball

Kommunikations- & Kennenlernspiele

Call Ball
Anzahl: 10–30

Die Spielenden stellen sich inklusive Spielleiter in einem Kreis auf. Der Spielleiter hat einen Behälter mit Bällen hinter sich. Er bringt nun einen Ball ins Spiel: Er passt diesen zu einem Mitspieler und ruft dessen Namen. Auf diese Weise wird der Ball weitergepasst, bis jeder Mitspieler diesen genau einmal hatte. Jedes Mal muss dabei der Name des Angespielten gerufen werden. Gleichzeitig müssen sich alle Spielenden merken, von wem sie den Ball erhalten haben und an wen sie ihn gepasst haben. Bei der zweiten Runde muss der Ball genau demselben Weg folgen.

Nun bringt der Spielleiter immer mehr verschiedene Bälle ins Spiel. Dabei gelten folgende Regeln: Wenn jemand einen Ball fallen lässt, muss er ihn so rasch als möglich holen und weiterpassen. Wenn der Spieler, den man anspielen will, bereits einen Ball hat, wird gewartet, bis er ihn weitergepasst hat, bevor man ihm den nächsten Ball zuspielt.

Intensität:
Materialaufwand:
Zeitaufwand:

Es braucht
- 5–10 verschiedene Bälle

Banane-Hä?
Anzahl: 10–20

Die Spielenden stellen sich in einer Reihe auf.

1. Spieler A sagt zu B: «Wotsch e Banane?»
2. Spieler B antwortet: «Hä?»
3. A zu B: «E Banane.»
4. B zu A: «Ah, e Banane!» Und zu C: «Wotsch e Banane?»
5. C zu B: «Hä?»
6. B zu A: «Hä?»
7. A zu B: «E Banane!»
8. B zu C: «E Banane!»
9. C: «Ah, e Banane!» Und zu D: «Wotsch e Banane?»

… und so weiter. Es muss schnell gesprochen werden. Passiert ein Versprecher, laufen alle sofort an die gegenüberliegende Wand und wieder zurück. Wer zuletzt ankommt, ist in der nächsten Runde Spieler A.

Intensität:
Materialaufwand:
Zeitaufwand:

Es braucht
- Nichts!

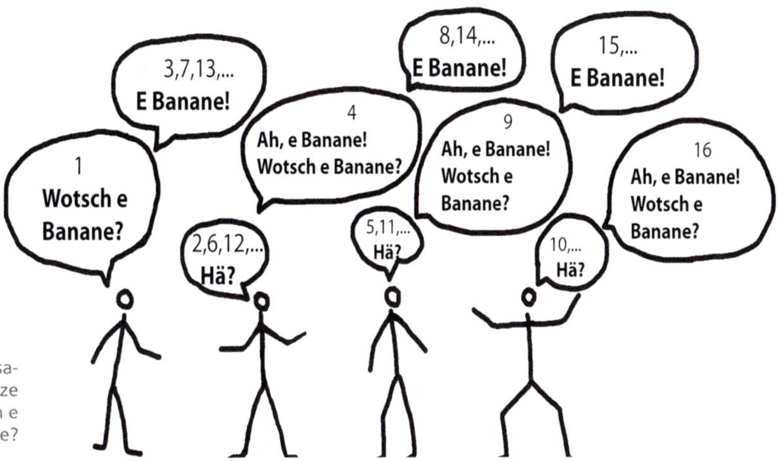

Organisationsskizze Wotsch e Banane?

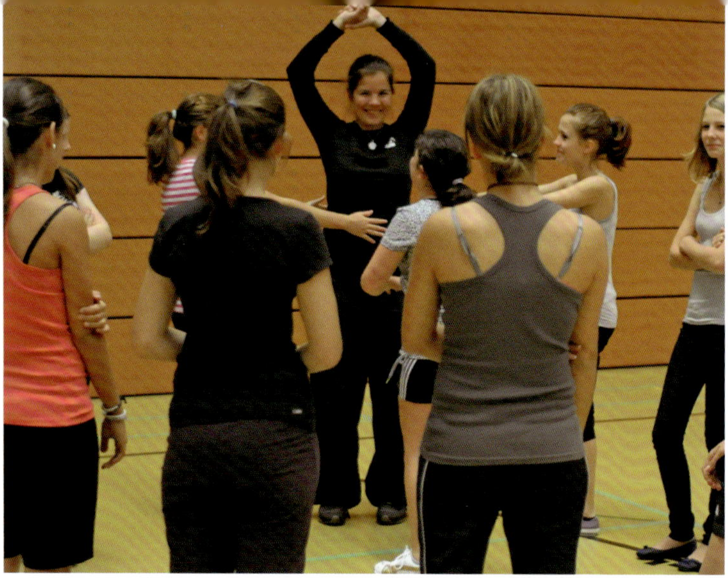

Action-Foto Bibedibibe-dibapp

Kommunikations- & Kennenlernspiele

Bibedibibedibapp
Anzahl: 15–25

Die ganze Gruppe stellt sich im Kreis auf. Eine Person ist in der Mitte und versucht, eine Person aus dem Kreis zu übertölpeln. Gelingt dies, werden die Rollen gewechselt. Dafür gibt es verschiedene Möglichkeiten:

- A zeigt auf eine Person und sagt: «Bibedibibedibapp». Die angesprochene Person muss «bapp» sagen, bevor A mit dem Spruch fertig ist.
- A zeigt auf eine Person und sagt «bapp». Die angesprochene Person darf nichts sagen. Sagt sie trotzdem «bapp» (oder irgendetwas anderes), muss sie in die Kreismitte gehen.
- A erteilt einer Person einen Auftrag für eine Figur, z. B. «Elefant». Die Angesprochene (M) plus die Personen rechts (R) und links (L) müssen den Auftrag schneller erfüllen, als A bis zehn zählen kann. Gelingt dies nicht, darf A jemanden bestimmen, der in die Mitte gehen muss.

Intensität:
Materialaufwand:
Zeitaufwand:

Es braucht
- Nichts!

Ideen für Aufträge (Handskizzen siehe unten)

1. Hot Dog: M streckt die Arme in die Höhe (Würstchen), L und R umarmen M von beiden Seiten (Brot).
2. Palme: M streckt die Arme hoch und bewegt sie wie Palmwedel, L und R genauso, aber etwas zu ihrer jeweiligen Seite geneigt.
3. Elefant: M fasst mit einer Hand die Nase und führt den anderen Arm durch die daraus entstehende Schlinge (Rüssel), L und R formen mit ihren Armen zwei große Ohren.
4. Topmodel: M bewundert sich in einem imaginären Handspiegel, L und R fallen auf die Knie und mimen fotografierende Paparazzi.
5. Toaster: L und R drehen sich zueinander, strecken ihre Arme nach vorne (Toaster) für M, den hüpfenden Toast (s. auch Bild S. 8).
6. Oktopus: Alle drei Spielenden setzen sich auf den Boden und wedeln mit Armen und Beinen.
7. Raclette: M legt sich flach auf den Bauch (Käse), L und R machen ein «Päckchen» (Kartoffeln).
8. Karussell: M hebt seine Arme zur Seite hoch, L und R laufen im Kreis um M herum. Achtung: Beide laufen in die gleiche Richtung!
9. Betrunkenes Känguru: M formt mit den Armen vor dem Bauch eine Känguru-Tasche, L und R beugen sich über diese und übergeben sich (imaginär!) hinein. Die Figur war bisher der größte «Burner».

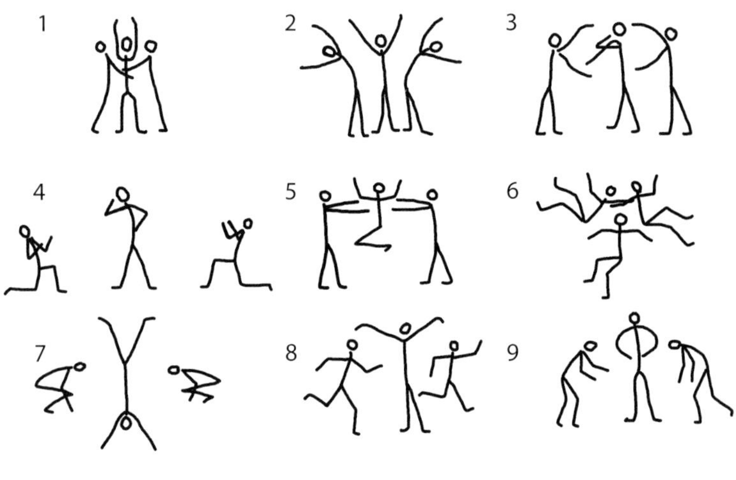

Organisationsskizze Bibedibibedibapp

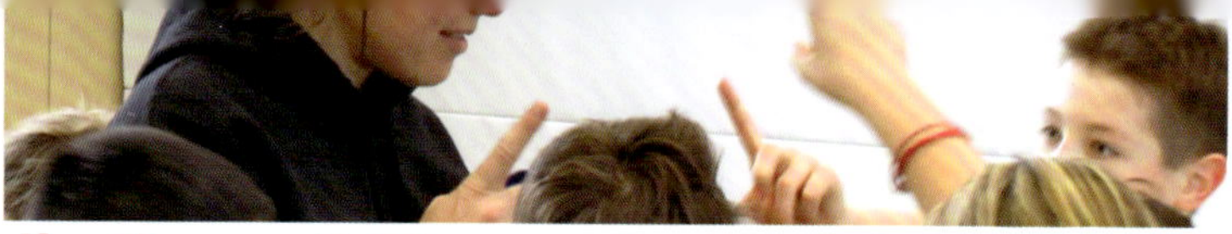

Kommunikations- & Kennenlernspiele

Hau den Lukas!
Anzahl: 5–40 Personen

Die Spielenden stehen oder sitzen im Kreis. Lisa (s. Skizze) begibt sich mit einem Gummihuhn (oder einem anderen nicht allzu harten Gegenstand, z. B. einer gerollten Zeitung) in die Mitte des Kreises. Der Spielleiter ruft nun den Namen eines anwesenden Spielenden, z. B. «Tom». Nun muss Spieler A sofort versuchen, Tom mit dem Gummihuhn auf die Oberschenkel zu schlagen. Tom kann dies verhindern, indem er sofort einen anderen Namen ruft. Allerdings muss es ein Name eines anwesenden Spielenden sein. Dieser wiederum kann sich «retten», indem er auch wieder einen anderen Namen ruft. Falls man geschlagen wird, bevor man einen anderen Namen rufen kann, oder einen falschen Namen ruft, erhält man das Gummihuhn und muss in die Mitte gehen. Das Spiel beginnt von Neuem. Der Spielleiter sollte darauf achten, dass nicht immer die gleichen Spielenden aufgerufen werden. Am besten indem er selber mitspielt.

Intensität:
Materialaufwand:
Zeitaufwand:

Es braucht
- 1 Gummihuhn oder eine gerollte Zeitung

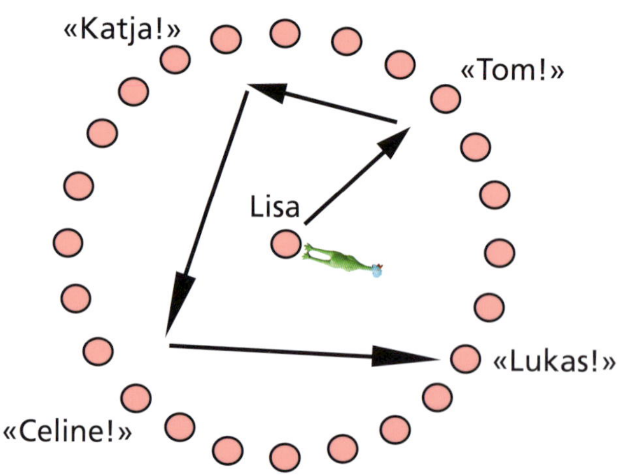

Organisationsskizze Hau den Lukas

11-12-verbrannt!

Anzahl: ab 16 Personen

Alle Spielenden stellen sich in einem Kreis auf, einer hält einen weichen Ball. Der Spielleitende steht in der Mitte des Kreises. Auf Signal wird der Ball im Kreis herumgereicht. Der Ball muss dabei mit beiden Händen übergeben werden. Der Spielleitende zählt mit geschlossenen Augen still bis 10, dann sagt er laut «11-12-verbrannt!». Er darf das Zähltempo variieren. Wer bei «verbrannt» den Ball hat, muss sich auf den Boden legen. Dann geht das Spiel weiter. Ruft der Spielleitende «mäh!» oder «muh!», ändert sich die Richtung, in der der Ball weitergegeben wird, ruft er «miau!», wird der Ball an eine beliebige Person gepasst und von dort aus in derselben Richtung weitergereicht. Wenn eine Person auf dem Boden liegt, muss diese zuerst überstiegen werden, bevor der Ball übergeben werden darf. Anschließend kehrt man auf den eigenen Platz zurück. Wer am Schluss übrig ist, ist Sieger und darf für die nächste Runde in die Mitte.

Intensität:
Materialaufwand:
Zeitaufwand:

Es braucht

- Einen weichen Ball

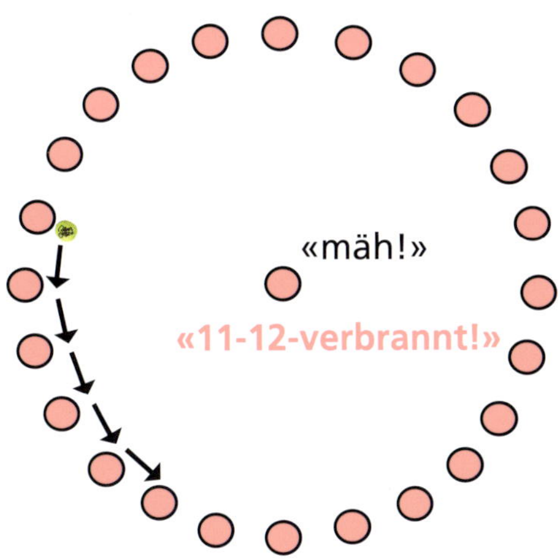

Organisationsskizze 11-12-verbrannt!

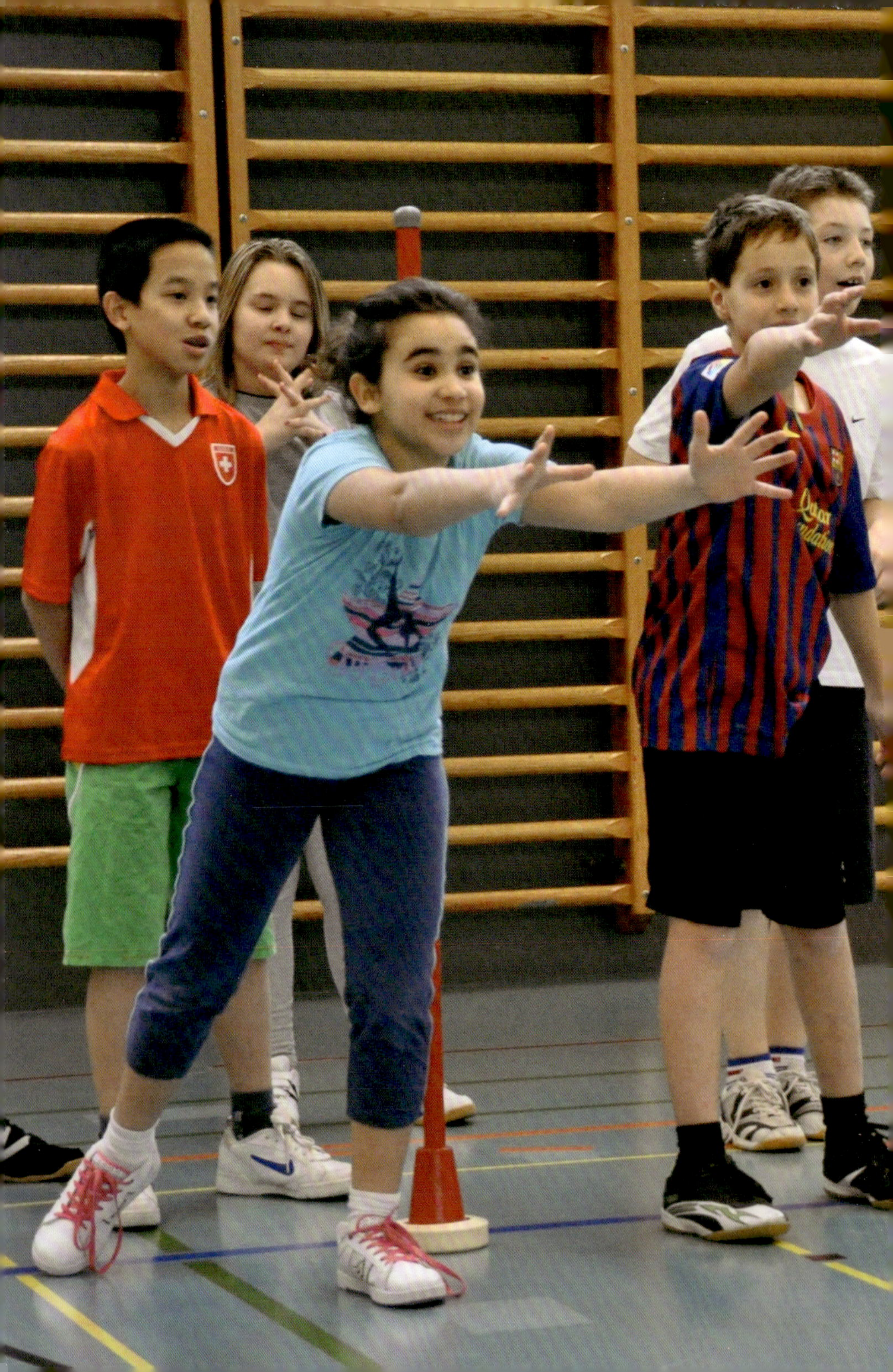

Aufwärmspiele

Rennen ist mühsam. Besonders früh am Morgen, und überhaupt, wenn die «Maschine» noch nicht auf Betriebstemperatur ist. Mit diesen Spielen wecken Sie alle müden Lebensgeister und bringen Kopf und Muskulatur sofort auf Trab. Stimmungsfaktor garantiert!

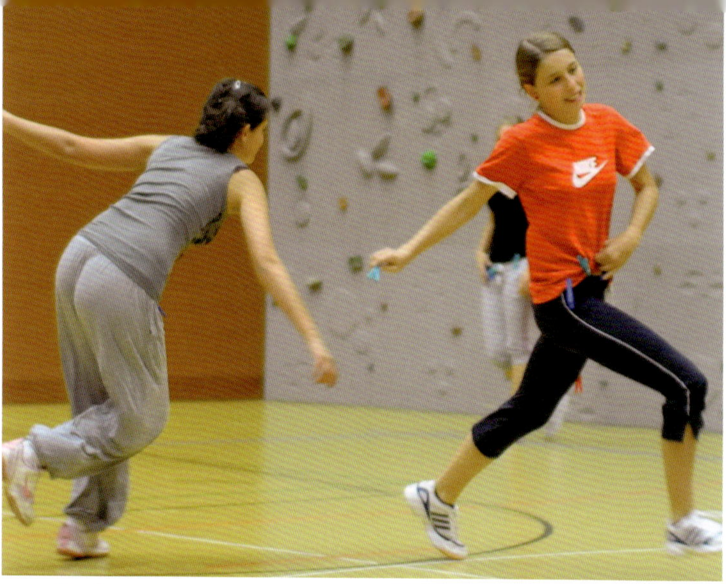

Action-Foto Klämmerli-Fangis

Aufwärmspiele

Klämmerli-Fangis
Anzahl: 15–35

Jeder Spielende erhält 5 Wäscheklammern, welche er an seiner Kleidung befestigt (empfindliche Körperstellen sind auszusparen). Auf ein Startzeichen hin versucht jeder Spielende, den anderen die Klammern abzunehmen. Erbeutete Klammern müssen sofort an der eigenen Kleidung befestigt werden. Wer keine Klammern mehr hat, muss eine Zusatzaufgabe ausführen und erhält darauf vom Spielleiter eine neue Klammer. Es ist verboten, sich hinzulegen oder an die Wand zu drücken. Wenn es Spielende mit übertriebenem Fluchttrieb hat, Spielfeld mit Markern eingrenzen. Wer auf der Flucht das Feld verlässt, muss eine Klammer an den letzten Verfolger abtreten.

Varianten
- Den Klammerfarben verschiedene Punktzahlen zuweisen.
- In Zweierteams oder kleinen Mannschaften spielen.

Intensität: 2/3
Materialaufwand: 1/3
Zeitaufwand: 2/3

Es braucht
- 5 Wäscheklammern pro Spielenden
- Evtl. Floorpads zur Spielfeldbegrenzung

Würfel-Stafette
Anzahl: 8–40

Es werden beliebig viele Teams à drei bis sechs Spielende eingeteilt. Die Teams stellen sich an der Grundlinie des Volleyballfelds auf; auf der anderen Grundlinie wird pro Team ein großer Schaumgummiwürfel platziert. Auf ein Signal hin laufen die ersten Spielenden jedes Teams los. Auf der anderen Seite dürfen sie einmal würfeln. Sie rufen die Zahl, z. B. «6» laut aus und laufen zurück zum Team, wo eine Ablösung per Handschlag erfolgt. Der nächste Spieler läuft auf die andere Seite, würfelt, addiert die gewürfelte Zahl zur vorherigen und ruft die Summe, z. B. «11», laut aus. Dieses Spiel wird fortgesetzt, bis ein Team die Zahl 30 erreicht. Die 30 muss aber genau erreicht werden: Wenn ein Team bereits 28 hat und es wird eine 6 gewürfelt, hat es 34 und beim nächsten Lauf wird wieder abgezählt. Auf diese Weise sind nicht unbedingt die schnellsten Spielenden Sieger.

Intensität:
Materialaufwand:
Zeitaufwand:

Es braucht
- 2 Malstäbe oder Floorpads pro Team
- 1 Schaumgummiwürfel pro Team

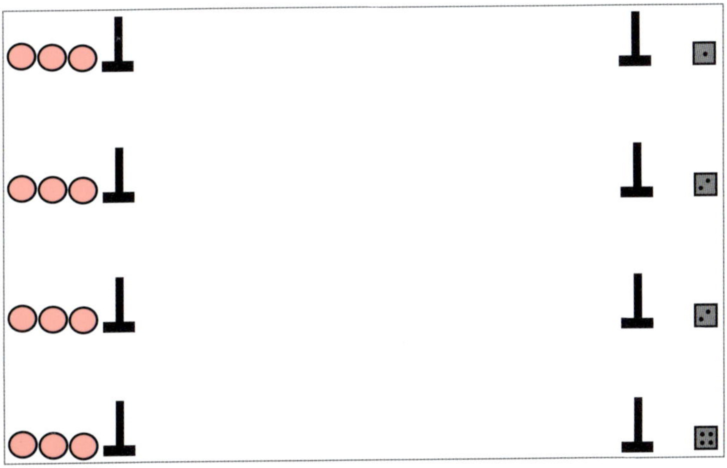

Organisationsskizze Würfel-Stafette

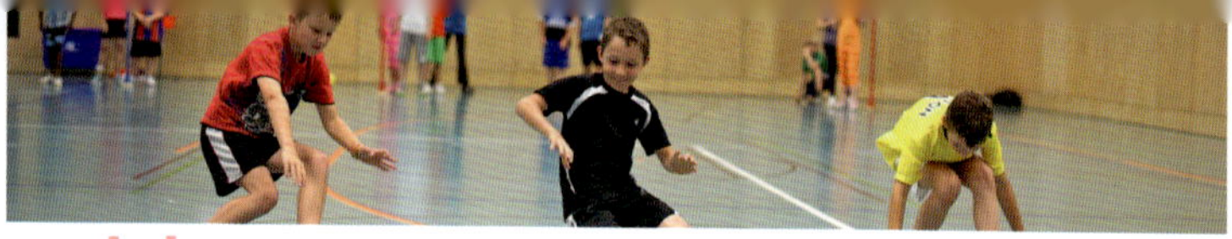

Aufwärmspiele

Spielkartenstafette
Anzahl: 8–30

Es werden 2–4 Teams à 3–8 Spielende eingeteilt. Die Teams stellen sich an der Grundlinie des Volleyballfelds auf. Für jedes Team hat es acht Spielkarten derselben Farbe. Diese werden gemischt und auf der gesamten Breite der Halle hinter der gegenüberliegenden Grundlinie verdeckt verteilt. Auf ein Signal laufen die ersten Spielenden jedes Teams los. Auf der anderen Seite dürfen sie eine einzige Karte umdrehen und anschauen. Entspricht sie der Farbe des Teams, darf sie mitgenommen werden. Ansonsten wird sie wieder umgedreht. Nach Abklatschen läuft der nächste Spieler. Welches Team hat zuerst alle Spielkarten der eigenen Farbe gefunden und zurückgebracht?

Variante

- Auf der Laufstrecke Hindernisse aufbauen.
- Immer 2 Spielende pro Team gleichzeitig laufen lassen.

Intensität: ≋ ≋ ≋
Materialaufwand: ≋ ≋
Zeitaufwand: ≋ ≋

Es braucht

- Pro Team 2 Malstäbe/Floorpads, 8 Jasskarten der gleichen Farbe

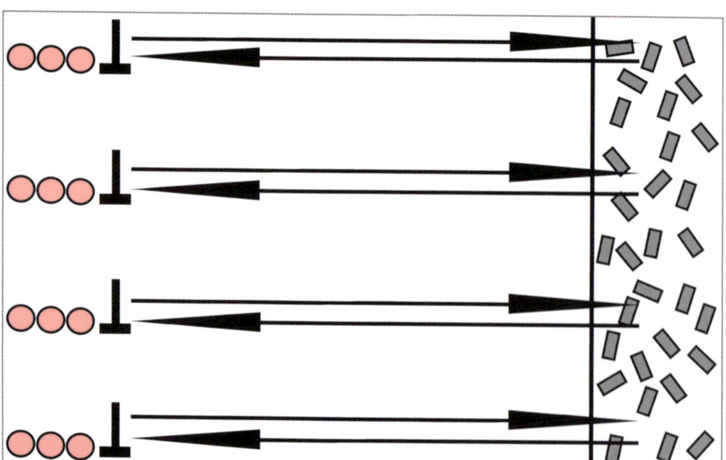

Organisationsskizze Spielkartenstafette

Schere-Stein-Papier-Stafette
Anzahl: 10–20

An zwei Ecken des Volleyballfeldes werden zwei Teams in Kolonnen aufgestellt. Auf der Mittellinie werden Malstäbe platziert. Auf ein Signal läuft Spieler 1 beider Teams los. Sobald sich die beiden treffen, wird «Schere-Stein-Papier» gespielt. Wer gewinnt, darf weiter laufen, wer verliert, kehrt zurück zu seinem Team und schließt hinten an der Kolonne an. Sobald das «Schere-Stein-Papier»-Spiel entschieden ist, läuft aus der Verlierer-Kolonne der nächste Spielende los.
Der Gewinner läuft weiter. Sobald er auf den nächsten Gegenspieler stößt, wird wiederum «Schere-Stein-Papier» gespielt. Dies wiederholt sich so lange, bis es ein Spielender schafft, eine Linie 2 m vor der gegnerischen Kolonne zu überqueren. Dann erhält dessen Team einen Punkt. Bei Punktgewinn starten sofort neue Spielende aus beiden Kolonnen. Für alle, die «Schere-Stein-Papier» nicht kennen, liefert «Google» zahlreiche Anleitungen.

Intensität:
Materialaufwand:
Zeitaufwand:

Es braucht
- 4 Malstäbe oder Floorpads

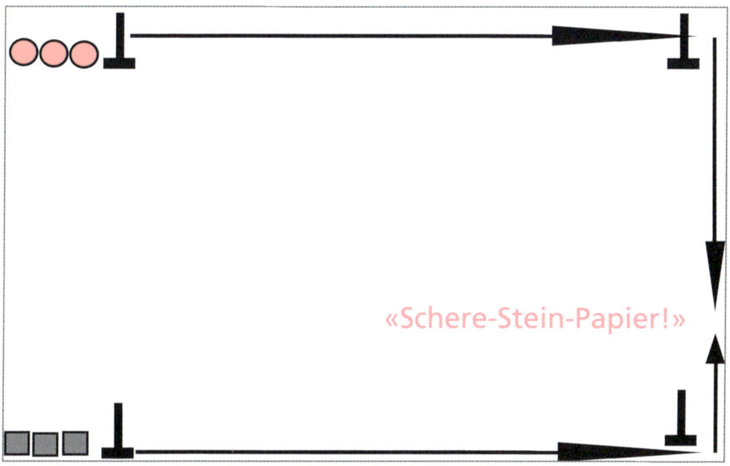

Organisationsskizze Schere-Stein-Papier-Stafette

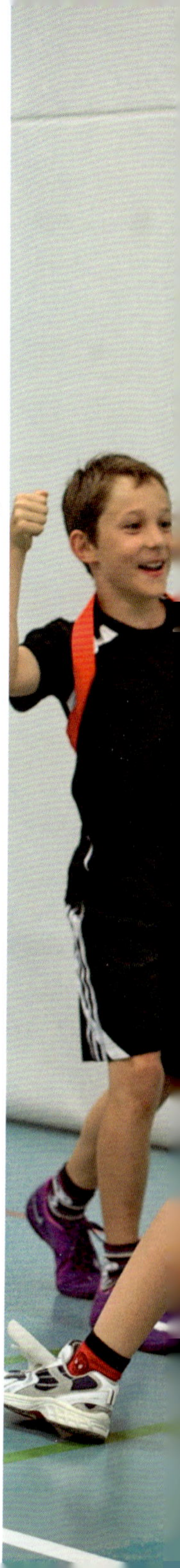

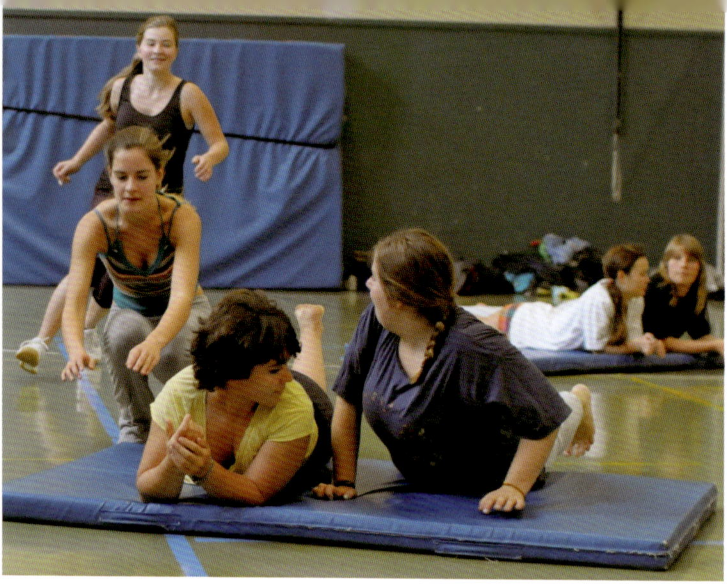

Action-Foto Couch-Potato

Aufwärmspiele

Couch Potato Jagd
Anzahl: 8–30

Die Spielenden bilden Zweiergruppen und verteilen sich in der Halle, indem sie nebeneinander liegen. Ein Paar beginnt mit Fangen. Der Verfolgte kann sich in Sicherheit bringen, indem er sich neben eines der Paare legt. In diesem Augenblick muss der Spielende auf der anderen Seite aufstehen und flüchten. Wird der Verfolgte gefangen, wechseln die Rollen. Matten als Unterlage für die Paare verhindern blaue Flecken.

Varianten
- Mit zwei oder sogar drei Fängerpaaren wird das Spiel intensiver.
- Bei der Ablösung Rollenwechsel: Wer aufsteht, jagt!
- Bei fortgeschrittenen Spielenden anstatt auf den Bauch liegen, Stütz vorlings oder rücklings als Warteposition wählen.

Intensität:
Materialaufwand:
Zeitaufwand:

Es braucht
- 1 Matte pro Spielerpaar

Giftige Smarties
Anzahl: 8–30

Der Spielleitende gestaltet eine Karte, auf der alle Smartiesfarben mit Aufgaben konnotiert sind. Z. B. grün = 5 Liegestütze, rot = 20x Seilspringen, rosa = 10 Sit-ups, gelb = 5 Strecksprünge und so weiter.

Die Spielenden werden in Vierer-Kolonnen aufgestellt. Der Spielleitende stellt sich am anderen Ende der Halle auf, vor ihm liegen vier Tüten mit je 16 Smarties (Für jede Gruppe eine Tüte). Auf ein Signal läuft die erste Person jeder Gruppe auf die andere Seite, nimmt aus dem Säckchen ein Smarties, führt die Aufgabe aus und rennt zurück zur Kolonne. Auf Handschlag startet der nächste Spielende. Welches Team hat zuerst die Tüte leer und ist wieder zurück am Start? Bei 16 Smarties läuft jeder Spieler vier Mal und führt nach Zufall vier verschiedene Aufgaben aus. Wenn man diese Form ausdauerbetont gestalten möchte, stellt man einfach mehr Smarties hin. Im Anschluss dürfen die Smarties gegessen werden.

Intensität: 🔥🔥
Materialaufwand: 🔥🔥
Zeitaufwand: 🔥

Es braucht

- Pro Team 2 Malstäbe oder Floorpads
- 1 Tüte Smarties

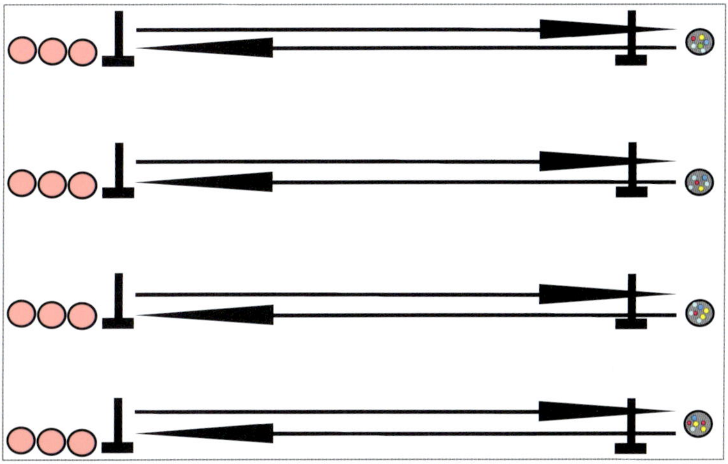

Organisationsskizze giftige Smarties

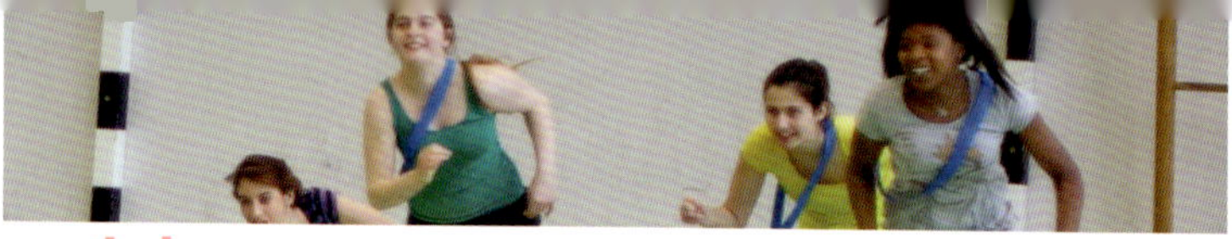

Aufwärmspiele

Versteinerung
Anzahl: 10–40

Alle Spielenden bewegen sich zu Musik frei im Raum. Sobald die Musik abgestellt wird, sind alle «versteinert»: Jeder muss in der Position verharren, in der er gerade war und die Körperspannung halten, bis er erlöst wird. Der Spielleiter ruft den Namen dessen, der sich als letzter noch bewegt hat. Dieser muss in einem Sprint alle Mitspieler berühren. Damit sind die «Versteinerten» erlöst und das Spiel geht von vorne los.

Varianten
- Es wird in Zweiergruppen gespielt, die sich an den Händen halten.
- Ein Kunststück vorzeigen, um die Mitspieler zu erlösen.

Familien gründen
Anzahl: 15–40

Alle Spielenden verfügen über drei «Leben». Sie bewegen sich zu Musik frei im Raum. Sobald die Musik abgestellt wird, ruft der Spielleiter eine Zahl, z. B. 4. Sofort müssen sich die Spielenden in entsprechenden Gruppen zusammenfinden. Wer keine Gruppe findet oder in einer Gruppe steht, die nicht der vorgegebenen Größe entspricht, verliert ein «Leben». Danach setzt die Musik wieder ein, die Spielenden bewegen sich frei, bis die Musik stoppt und die nächste Zahl gerufen wird. Es gilt, am Ende möglichst noch alle, mindestens aber noch ein «Leben» zu haben. Wer keine «Leben» mehr hat, verdient sich mit einer Zusatzaufgabe ein neues.

Varianten
- Wenn die Musik stoppt, muss zuerst eine Zusatzaufgabe ausgeführt werden, bevor die Familie gegründet werden kann.
- Familienmitglieder müssen bestimmte Ähnlichkeiten aufweisen (Haarfarbe, T-Shirt-Farbe, etc.).
- Es werden 3–4 Fänger bestimmt. Sobald die Musik stoppt, beginnt die Jagd. Wer in der vorgegebenen Gruppengröße steht, kann nicht gefangen werden. Wer erwischt wird, tauscht die Rolle mit dem Fänger. Sobald die Musik wieder einsetzt, joggen wieder alle.

Intensität:
Materialaufwand:
Zeitaufwand:

Es braucht
- Musik in Lauftempo

Panzerball
Anzahl: 10–30

Immer 2 Spielende zusammen haben eine dünne Matte und halten diese vor sich in der Luft. Ein Paar hat keine Matte, dafür einen Softball. Durch geschicktes Zusammenspiel versucht dieses Paar (Fänger), jemanden abzuwerfen. Die Flüchtenden können sich mit der Matte schützen/sich dahinter verstecken. Die Matte darf nie auf den Boden gestellt werden. Pro 10 Spielende 1 Fängerpaar bestimmen. Bei weniger als 20 Spielenden bzw. schwächeren Spielenden nur in der halben Halle spielen. Bei mehr als 14 Spielenden 2 jagende Paare bestimmen, bei mehr als 18 drei – dann bleibt die Form intensiv.

Intensität:
Materialaufwand:
Zeitaufwand:

Es braucht
- Pro Spielerpaar eine dünne Matte
- 1–3 weiche Bälle (pro 10 Spielende 1)

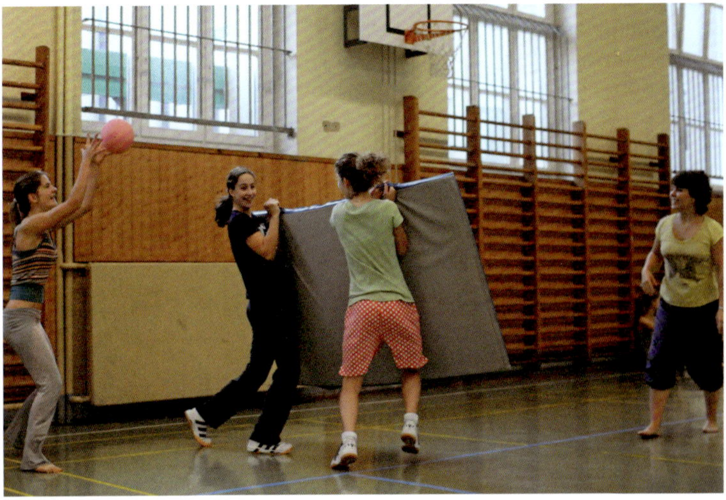

Action-Foto Panzerball

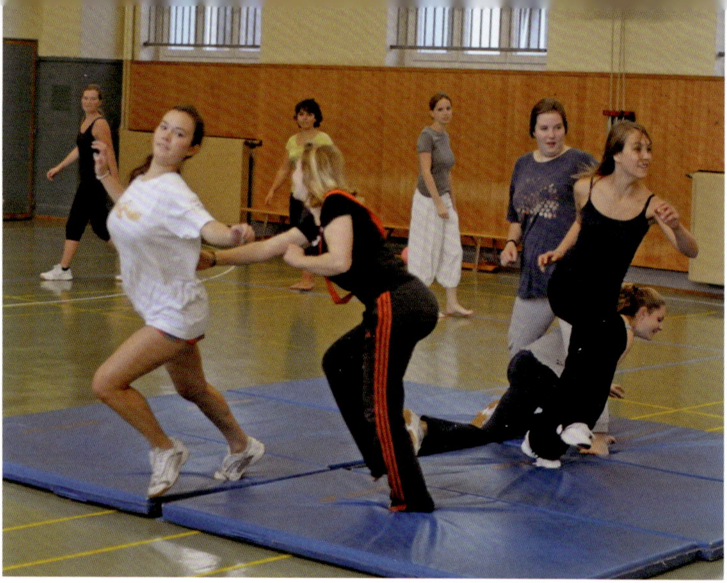

Action-Foto Haifisch-Fangspiel

Aufwärmspiele

Haifisch-Fangspiel
Anzahl: 12–30

In der Mitte der Spielfläche wird eine Matteninsel gelegt, je nach Gruppengröße 4–6 dünne Matten. Es werden 2–4 Haifische bestimmt und mit Bändeln markiert. Sie bleiben Haifische, bis die Spielrunde zu Ende ist. Es wird während zwei Minuten Fangen gespielt. Wer erwischt wird, kommt in die Reuse (Matteninsel) und stellt sich dort mit gespreizten Beinen auf. Kommen mehr gefangene «Fische» hinzu, können Kolonnen gebildet werden. Die Fische, die noch lebendig sind, können die gefangenen Fische befreien, indem sie zwischen ihren Beinen durchkriechen. Sind nach zwei Minuten noch lebendige kleine Fische übrig, haben die kleinen Fische gewonnen. Sind die kleinen Fische ausgerottet, bevor zwei Minuten um sind, haben die Haie gewonnen. Nun werden neue Haie bestimmt und das Spiel beginnt von vorne. Die Haie dürfen die Matteninsel beim Jagen betreten.

Intensität:
Materialaufwand:
Zeitaufwand:

Es braucht
- Spielbändel
- 4–6 Matten

Kaninchenjagd
Anzahl: 14–24

Die Spielenden werden in zwei Teams eingeteilt. Jedes Team stellt sich in seinem eigenen Feld auf (s. Skizze) und schickt eines seiner Mitglieder als «Kaninchen» ins gegnerische Feld. Beide Teams erhalten je zwei weiche Bälle. Auf ein Signal des Spielleiters hin versuchen die Teams durch geschicktes Zusammenspiel, das Kaninchen zu erwischen. Dazu muss man dieses mit dem Ball berühren (nicht abschießen!). Je öfter dies gelingt, desto besser. Beide Teams zählen laufend laut ihre Treffer. Nach zwei Minuten wird das Spiel unterbrochen. Das Team, welches mehr Treffer erzielt hat, erhält einen Punkt. Das Kaninchen wechselt zurück ins eigene Feld und das nächste Kaninchen ist an der Reihe. Das Spiel wird wiederholt, bis jeder Spielende einmal Kaninchen war. Bei großen Gruppen kann man auch zwei Kaninchen auf einmal einsetzen. Dadurch sinkt aber die Intensität.

Intensität:
Materialaufwand:
Zeitaufwand:

Es braucht
- Spielbändel
- 2–4 weiche Bälle

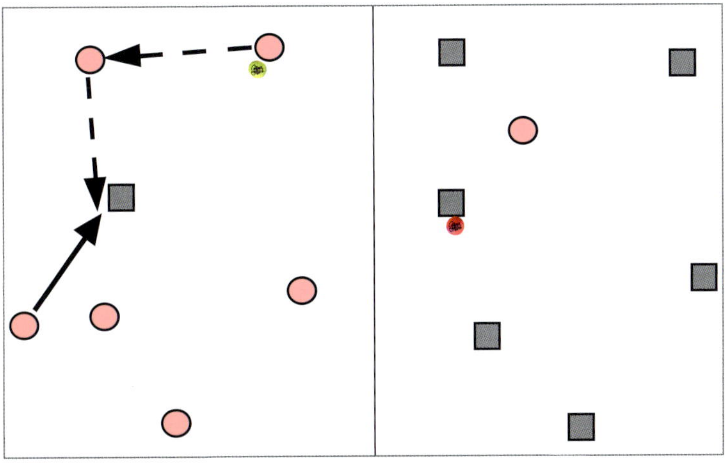

Organisationsskizze Kaninchenjagd

Aufwärmspiele

Bull Fight
Anzahl: 16–25

Zwei Teams werden gebildet. Eine dicke Matte wird auf der Mittellinie platziert. Jedes Team stellt sich auf einer Seite der Matte auf. Auf ein Signal versucht jedes Team, die Matte auf die andere Seite zu kippen oder über die Volleyball-Grundlinie zu manövrieren. Dabei ist alles erlaubt, außer auf die Matte zu springen.

Flow
Anzahl: 16–25

Zwei Teams werden gebildet. Zwei dicke Matten sind jeweils auf der Volleyball-Grundlinie platziert. Je ein Team stellt sich dahinter auf. Auf ein Signal bewegen die Spielenden die Matte vorwärts, indem sie darauf springen und mit der Matte gleiten. Das Team, dessen Matte zuerst die gegenüberliegende Wand berührt, gewinnt.

Bulldozer
Anzahl: 16–25

Zwei Teams werden gebildet. Jedes erhält eine dicke Matte, die an den gegenüberliegenden Stirnseiten der Halle platziert werden. Auf das Signal des Spielleiters müssen alle Spieler auf die gegenüberliegende Matte wechseln. Dabei dürfen die Spieler der gegnerischen Mannschaft behindert werden. Aus Sicherheitsgründen ist dies nur mittels Greifen am Rumpf zwischen Hüfte und Schultergürtel erlaubt.

WICHTIG: mehrere Runden spielen und den Teams dazwischen zwei bis drei Minuten Zeit für eine kurze Besprechung der Taktik geben.

Variante

- Das Team muss seine Matte auf die gegenüberliegende Seite transportieren. Es ist erlaubt, das gegnerische Team zu behindern. Auf die Matte zu springen ist dagegen verboten.

Intensität: ≡ ≡ ≡
Materialaufwand: ≡ ≡
Zeitaufwand: ≡

Es braucht

- 2 dicke Matten

Action-Foto Liga-Aufräumen

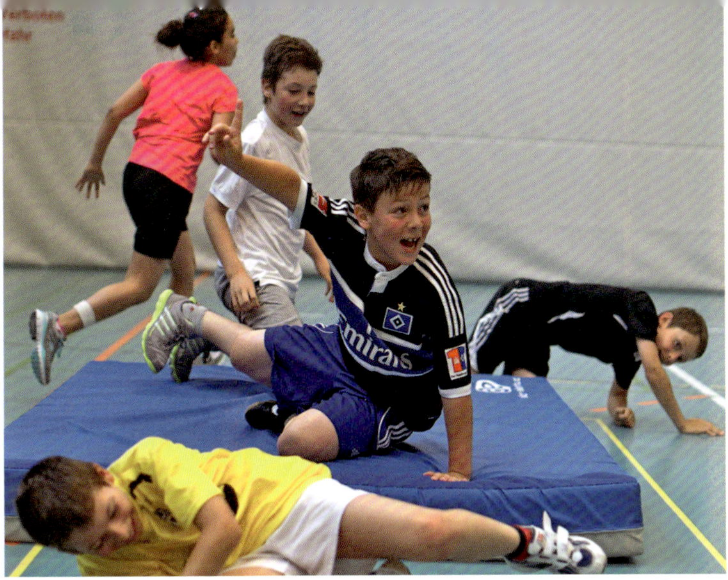

Aufwärmspiele

Liga-Aufräumen
Anzahl: 12–30

Auf den Badmintonfeldern werden Matteninseln à 4 dünne Matten platziert. Damit die Matten nicht auseinander rutschen, müssen sie eventuell an den Henkeln zusammengebunden werden. Die Spielenden werden regelmäßig auf die Inseln verteilt. Auf ein Signal darf gekämpft, bzw. dürfen die Matten «aufgeräumt» werden. Man muss dabei auf den Knien bleiben und darf den Gegner nur fair anfassen (Haare, Kleidungsstücke und verletzliche Körperteile sind tabu, ebenso das Kitzeln).

Gelingt es einem Spielenden, einen anderen von der Matteninsel zu drängen, steigt er gemäß Ligasystem eine Insel auf. Der unterlegene Spieler steigt eine Insel ab. Wer auf der NLA-Insel jemanden besiegt, erhält einen Punkt. Wer auf der untersten Insel verliert, führt eine Kraftübung aus und steigt dann wieder auf der untersten Insel ins Spiel ein. Nach 6 Minuten gewinnt derjenige, der am meisten Punkte gesammelt hat.

Intensität:
Materialaufwand:
Zeitaufwand:

Es braucht
- Ca. 12 dünne Matten

Chicken Panic
Anzahl: 16–24

Es werden zwei Teams gebildet. Jedes Team stellt sich als Kette hintereinander auf. Die Spielenden halten sich dabei an den Schultern fest. Jeweils ein Spieler agiert als Fuchs beim anderen Team. Die Kette ist der Hühnerhof, und das letzte Glied ist das «Küken», das vom Fuchs gejagt wird. Zu Beginn des Spiels steht der Fuchs dem vordersten Huhn gegenüber. Auf ein Signal des Spielleiters hin versuchen beide Füchse, das Küken zu erhaschen. Die Hühnerschar versucht, durch geschicktes Manövrieren zu verhindern, dass dies passiert. Wird ein Küken erwischt oder zerreisst eine Kette, ist die Spielrunde zu Ende und das erfolgreiche Team erhält einen Punkt. Das vorderste Huhn in der Kette wird in der nächsten Runde Fuchs und der Fuchs schließt hinten an und wird Küken. Dies wird durchgespielt, bis jeder Spielende einmal Fuchs und Küken war. Welches Team erzielt mehr Punkte?

Intensität: ♨♨♨
Materialaufwand: ♨
Zeitaufwand: ♨

Es braucht
- Spielbändel

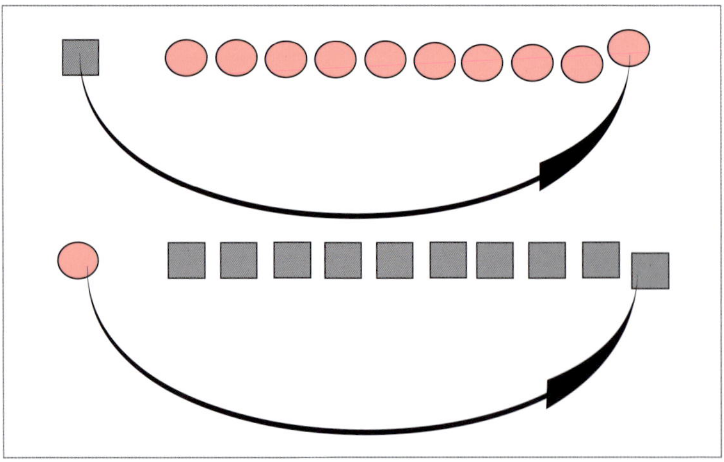

Organisationsskizze Chicken Panic

Action-Foto
Fast Food

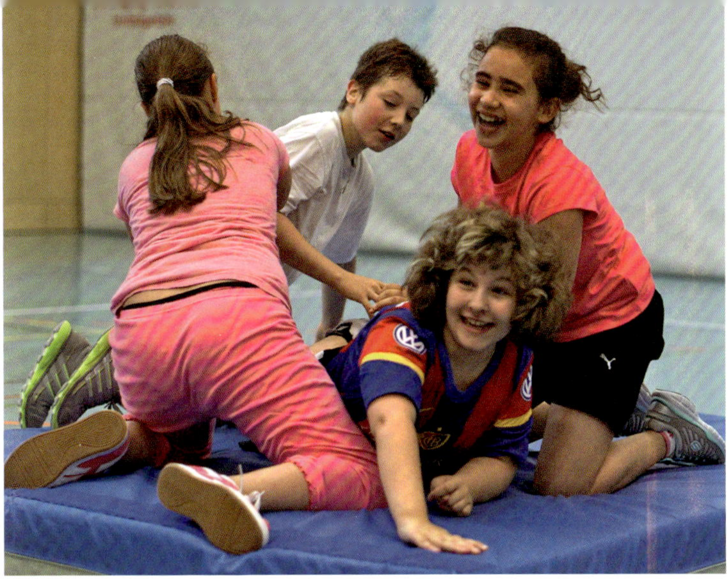

Fast Food
Anzahl: 16–20

Es werden verschiedene Matten ausgelegt. In der Mitte des Spielfelds liegt eine dicke Matte. Die Spielenden laufen frei herum. Auf verschiedene Kommandos des Spielleiters reagieren sie wie folgt:

- Chicken Nuggets: Jeder kauert sich auf einer Matte zusammen.
- Hamburger: Je drei Spielende stapeln sich auf einer Matte.
- Cheeseburger: Je vier Spielende stapeln sich auf einer Matte.
- Megaburger: Je fünf Spielende stapeln sich auf einer Matte.
- Salat: Alle legen sich neben-/übereinander auf die dicke Matte.
- Milchshake: Jeder dreht sich so schnell wie möglich um sich selber.

Wer übrig ist, muss sich auf die dicke Matte legen. Er darf erst wieder mitspielen, wenn ein Salat ausgerufen worden ist und er daraufhin im Salat ganz unten lag. Damit die Pause nicht zu lang wird, sollte der «Salat» öfter ausgerufen werden.

Intensität:
Materialaufwand:
Zeitaufwand:

Es braucht
- Verschiedene dünne Matten, 1 dicke Matte

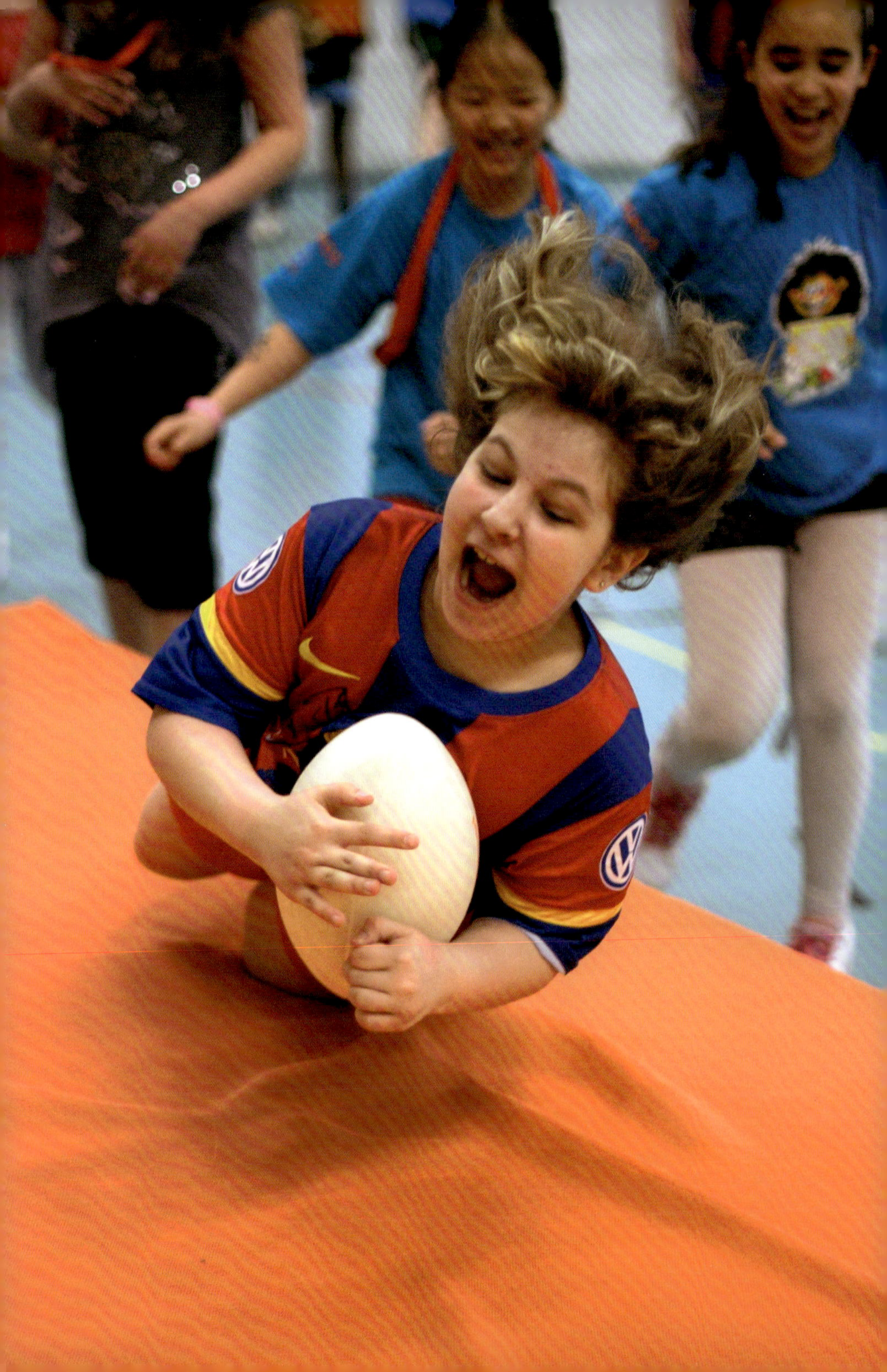

Intensivspiele

Übungen haben ein andermal wieder Platz, denn jetzt ist Spielzeit. Zeit, um Fantasie, Energie und Kraft freien Lauf zu lassen und wieder einmal so richtig Spaß zu haben. Worauf warten Sie noch?

Intensivspiele

Völkerball
Anzahl: 12–36

Das Ziel dieses Spiels ist einfach: Das Abwerfen des gegnerischen Teams. Lange Zeit war das Spiel deswegen verpönt. Trotzdem ist seine Beliebtheit ungebrochen. Mit wenigen Zusatzregeln lassen sich aus der Grundform spannende und intensive Varianten gestalten.

Grundregeln

- Das Spielfeld wird in zwei Hälften geteilt. Der Himmel ist je nach Variante nur hinter dem Feld (Skizze 1) oder rundum (Skizze 2).
- Wer abgeworfen wird, muss in den Himmel.
- Das Team, dessen Spielende zuerst alle im Himmel sind, verliert.
- Man darf, sofern nicht anders erwähnt, mit dem Ball nicht laufen.
- Zu Beginn des Spiels erhält jedes Team einen Softball.
- Ist das Spiel eröffnet, kann sofort geworfen werden.
- Bälle gehören dem Team, in dessen Feld sie liegen. Sie können aber «gefischt» werden von einem Gegenspieler, wenn sich dieser mindestens mit einem Körperteil in seinem eigenen Bereich befindet.

Es braucht

- 2–3 weiche Bälle
- Spielbändel

Variante 1: Old School   Variante 2: New School

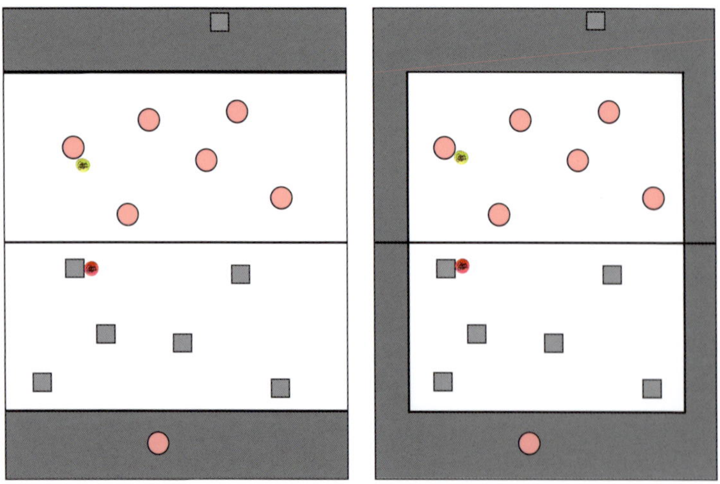

Völkerball-Grundformen: Old School (links), New School (rechts)

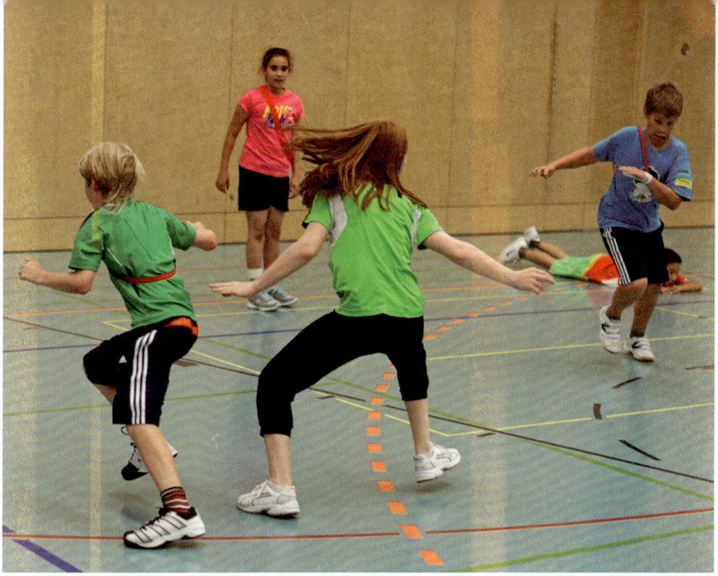

Action-Foto Flundern-Völkerball

Intensivspiele

Flundern-Völkerball
Anzahl: 12–36

Es wird Völkerball Variante 1 gespielt (s. Skizze 1, Seite 30). Wer abgeworfen wird, muss in den Himmel gehen, aber man kann sich wie folgt erlösen: Man muss sich an der Grenze des Himmels auf den Bauch legen. In einem unbeobachteten Moment steht man auf und versucht, durch das gegnerische Feld zu rennen. Erreicht man das eigene Spielfeld, ohne von einem gegnerischen Spieler berührt zu werden, ist man erlöst. Andernfalls muss man in den Himmel zurückkehren. Man darf unbegrenzt oft versuchen, sich zu erlösen. Vor jedem Versuch muss man sich auf den Bauch legen. Das Spiel endet, wenn eines der Teams keine Spieler mehr im Feld hat.

Intensität:
Materialaufwand:
Zeitaufwand:

Es braucht
- 2 weiche Bälle
- Spielbändel

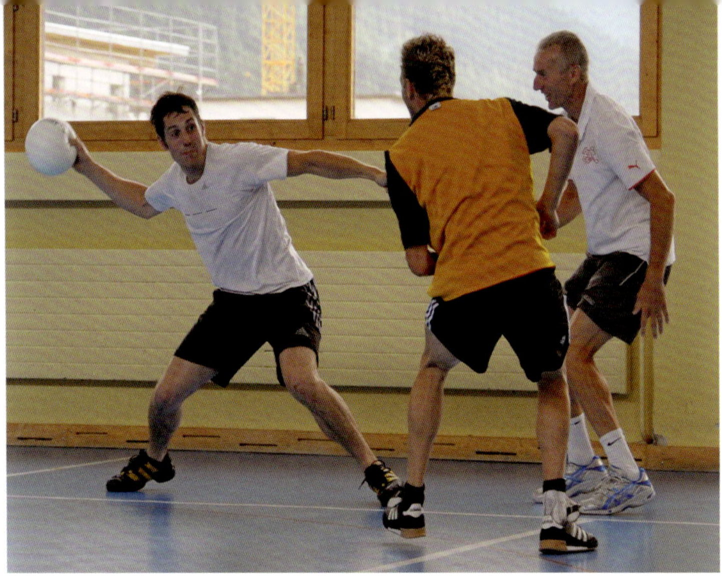

Action-Foto Special Agent-Völkerball

Intensivspiele

Special Agent-Völkerball
Anzahl: 12–36

Völkerball Var. 2 (siehe S. 30) wird mit folgenden Zusatzregeln gespielt: Jedes Team bestimmt:

- Einen Special Agent: Er ist unsterblich.
- Eine Bombe: Wenn sie getroffen wird, hat das Team verloren.
- Einen Spion: Wird er getroffen, muss er sagen, wer die Bombe ist.
- Eine V-Person: Sie hat zwei Leben (Tarnung des Special Agent).

Der Spielleitende nimmt die Rollenverteilung der Teams entgegen. ACHTUNG: Die Rollenverteilung bleibt geheim! Nun wird gespielt. Für alle Spielenden ohne spezielle Rollen gelten die gängigen Regeln. Der Special Agent darf/soll alle Schüsse (besonders die auf die Bombe) abfangen. Der V-Mann dient dazu, den Special Agent zu tarnen. Der Spion muss gedeckt werden, denn wenn das gegnerische Team weiß, wer die Bombe ist, wird es für diese sehr ungemütlich. Das Spiel endet, wenn eine der Bomben getroffen wird.

Intensität: ⚡⚡⚡
Materialaufwand: ⚡
Zeitaufwand: ⚡

Es braucht
- 2 weiche Bälle, Spielbändel
- Notizmaterial

Action-Foto Neandertaler-Völkerball

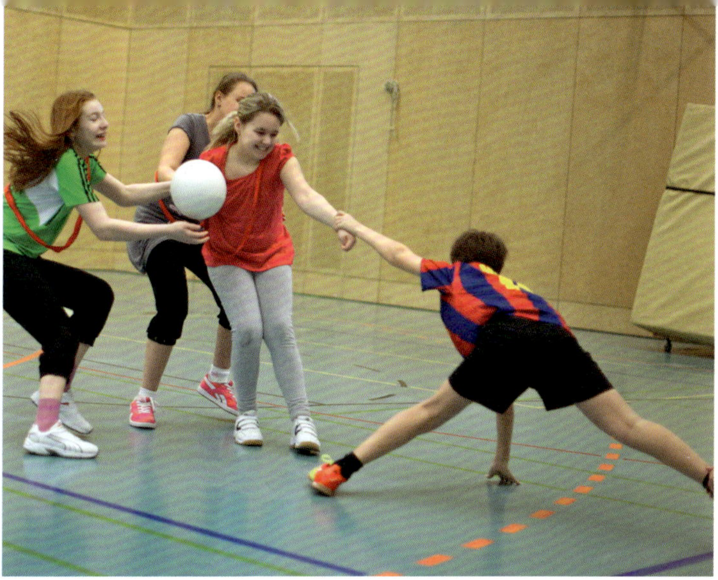

Neandertaler-Völkerball
Anzahl: 12–36

Völkerball Var. 2 (S. 30) wird mit folgenden Zusatzregeln gespielt: Jedesmal, wenn jemand aus dem Himmel einen Feldspieler abschießt, darf er zurück ins eigene Feld. Neben dem Abschießen besteht für die Spielenden im Himmel die Möglichkeit, gegnerische Spieler aus dem Feld in den Himmel zu ziehen (bitte nur große Körperteile packen, NICHT die Haare, den Spielbändel, etc.). Dabei muss immer ein Fuß im Himmel bleiben. Sobald der gegnerische Spielende mit beiden Füßen im Himmel ist, gilt er als «erwischt» und muss in den eigenen Himmel gehen. Der erfolgreiche Spielende darf ins Feld zurückkehren. Die Mitspieler dürfen dem Gezogenen helfen, indem sie ihrerseits an ihm ziehen, um ihn im Feld zu behalten. Wenn mehrere Spielende im Himmel sind, darf auch eine Kette gebildet werden, um gegnerische Spielende zu erwischen. Dabei muss der hinterste Spielende immer einen Fuß im Himmel haben. Zerreißt eine Kette, muss der Gegenspieler sofort losgelassen werden. Mit der Kette dürfen auch Bälle gefischt werden.

Intensität: ≋ ≋ ≋
Materialaufwand: ≋
Zeitaufwand: ≋

Es braucht
- 2 weiche Bälle
- Spielbändel

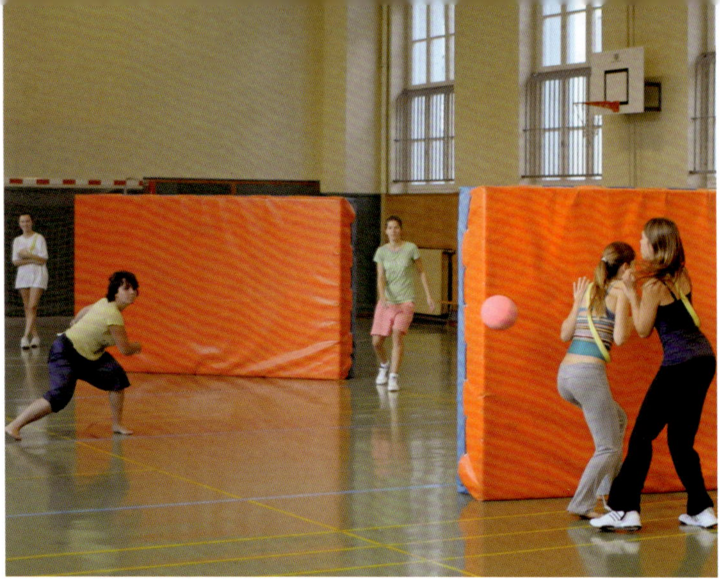

Action-Foto Matten-Völkerball

Intensivspiele

Matten-Völkerball
Anzahl: 12–36

Jedes Team erhält eine dicke Matte, die im Spielfeld aufgestellt wird. Das Team darf selber entscheiden, wo und in welchem Winkel die Matte platziert wird. Sie darf auch während des Spiels verschoben werden. Die einzige Bedingung ist: Sie muss hochkant längs aufgestellt werden. Nun wird Völkerball gespielt. Der Himmel geht rundum (Skizze 2, S. 30). Hinter der Matte darf man sich verstecken; man muss aber dafür sorgen, dass die Matte nicht umfällt. Das Team, das zuerst keine Spieler mehr im Feld hat oder dessen Matte am Boden liegt, hat verloren. Die stürzende Matte darf jedoch gebremst respektive wieder aufgerichtet werden – das Spiel ist erst zu Ende, wenn die Matte ganz am Boden ist. Um dies zu verhindern, darf auch eine Hand oder ein Fuß darunter gestellt werden.

Intensität: ⚡⚡⚡
Materialaufwand: ⚡⚡
Zeitaufwand: ⚡⚡

Es braucht
- 2 weiche Bälle
- Spielbändel
- 2 dicke Matten

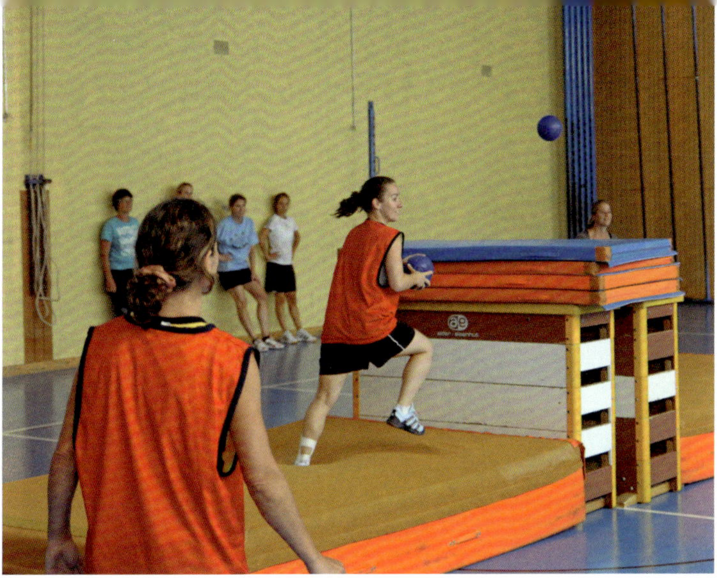

André Fight
Anzahl: 12–36

Die Halle wird in zwei Hälften aufgeteilt, welche von je einem Team eingenommen werden. Die Mittellinie bildet die Grenze. Dort werden zwei Schwedenkästen aufgestellt, darauf kommen 4 dünne Matten, an den Seiten der Kästen je eine dicke Matte (vgl. Foto). So viele weiche Bälle wie möglich werden gleichmäßig an die Teams verteilt. Nun gilt es, die gegnerischen Spielenden abzuwerfen. Dazu darf man bis zur Mittellinie vorrücken. Ausnahme: Via Kästen/Matte darf man ins gegnerische Feld eindringen, soweit die Matten reichen. Getroffene Spieler stellen sich an die Seitenlinie, bis sie erlöst werden. Gelingt es einem Spieler, von den Kästen aus mit einem Wurf das Basketballbrett zu treffen, ist ein Mitspielenden erlöst. Trifft er den Korb, dürfen alle Mitspielenden wieder aufs Feld. Sind alle Spielenden eines Teams abgeworfen, ist das Spiel zu Ende.

Intensität: 3/3
Materialaufwand: 2/3
Zeitaufwand: 1/3

Es braucht
- 4 Schwedenkästen
- 4 dünne Matten
- 2 dicke Matten
- Spielbändel
- 8–10 Softbälle

Intensivspiele

Winkelried-Spiel
Anzahl: 16–40

Vorbereitung: Es werden zwei Teams (Heere) gebildet, jede wählt einen Feldherr. Jedes Team steht auf einer Volleyball-Grundlinie, so stehen sich die Teams Auge in Auge gegenüber. Die «Soldaten» halten sich an den Händen und stellen sich so auf, dass sie sich nicht mit den Schultern berühren. Nun wählt der «Feldherr» des Teams A einen Soldaten zum Kampf aus. Dieser muss versuchen, die gegnerische Linie (d. h. die gehaltenen Hände) an einer frei gewählten Stelle zu durchbrechen. Gelingt dies, müssen die geschlagenen Soldaten zum Team A kommen. Gelingt es nicht, muss Soldat A beim Team B bleiben. In der nächsten Runde bestimmt Feldherr B einen Soldaten, und das Spiel läuft umgekehrt. Das Spiel ist dann zu Ende, wenn ein Feldherr keine Soldaten mehr hat.

Intensität:
Materialaufwand:
Zeitaufwand:

Es braucht
- Nichts!

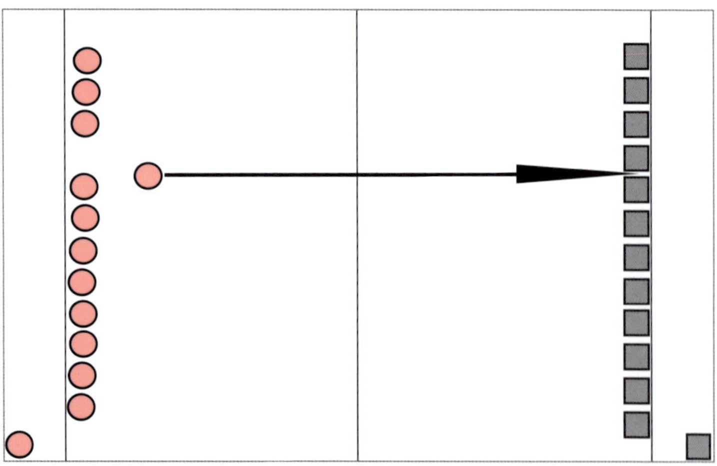

Organisationsskizze Winkelried Spiel

Action-Foto Pärchen-Sitzball

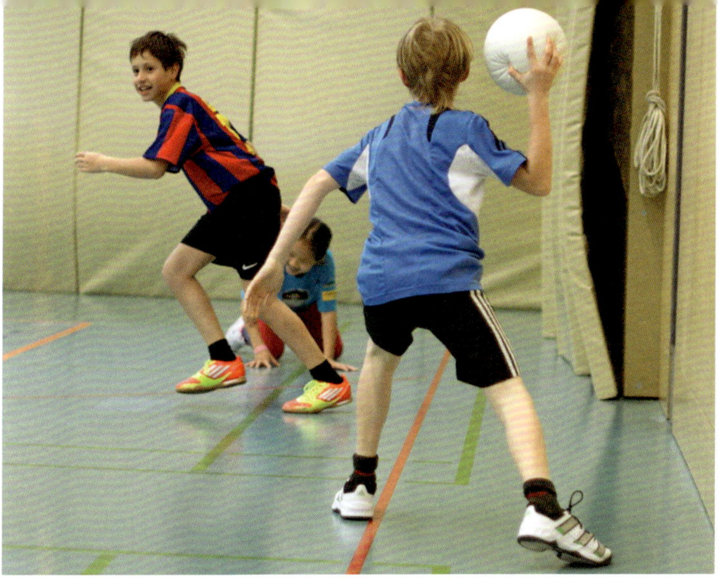

Pärchen-Sitzball
Anzahl: 16–40

Es werden Zweierteams gebildet, die zusammen spielen. Es wird Sitzball gespielt, das heißt, wer abgeworfen wird, muss sich hinsetzen. Mit dem Ball darf grundsätzlich nicht gelaufen werden, die Partner dürfen sich aber gegenseitig zuspielen. Erlöst werden kann man, wenn man einen herumliegenden Ball erwischt oder vom Partner einen zugespielt erhält. Jedes Team muss darauf achten, dass nicht beide Spielenden abgeworfen werden. Passiert dies, müssen beide eine Zusatzaufgabe ausführen (Runden ums Feld laufen, Rumpfbeugen …), bevor sie wieder mitmachen dürfen. Wer den Ball fangen kann, gilt nicht als abgeworfen. Er darf zur Belohnung so viele Schritte mit dem Ball laufen, wie er will.

Variante

- Jedes Mal, wenn beide Spielenden eines Teams getroffen wurden, muss das betreffende Team beim Spielleitenden eine Klammer holen, bevor es wieder mitspielen darf. Nach 5 Min. gewinnt das Team mit den wenigsten Klammern.

Intensität: 3/3
Materialaufwand: 1/3
Zeitaufwand: 1/3

Es braucht

- 6–8 weiche Bälle

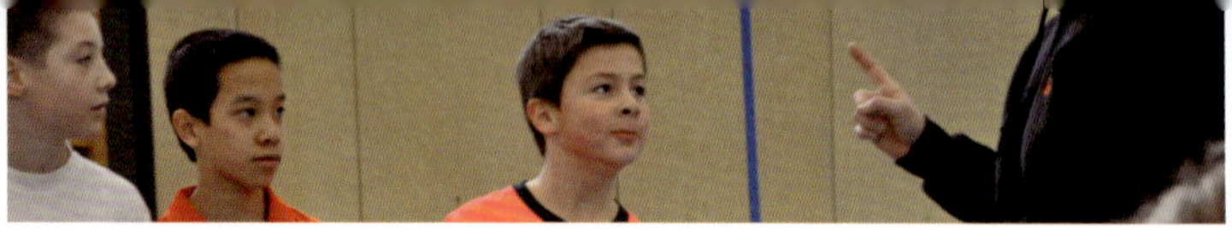

Intensivspiele

Zombie-Sitzball
Anzahl: 16–36

Es wird Sitzball jeder gegen jeden gespielt. Wer abgeworfen wird, kriecht wie ein «Zombie» auf dem Spielfeld herum (passende Geräusche sind erlaubt!). Kann ein «Zombie» einen lebendigen Spielenden berühren, wird dieser zum «Zombie», der «Zombie» wird dabei erlöst. Alle dürfen mit dem Ball unbeschränkt weit laufen.

Intensität:
Materialaufwand:
Zeitaufwand:

Es braucht
- 6–8 weiche Bälle

Kobolde- und Feensitzball
Anzahl: 16–36

Zu Beginn setzen sich alle Spielenden in einen Kreis und schließen die Augen. Der Spielleitende bestimmt durch stille Wahl (diskretes Berühren) 2–3 Feen bzw. Kobolde (je nachdem ob Dame oder Herr). Nun wird Sitzball gespielt. Erlöst werden kann man nur, wenn eine «Fee» oder ein «Kobold» einen berührt. Die Spezialcharaktere können nicht abgeworfen werden und können nur «umgebracht» werden, indem man sie enttarnt. Äußert ein Spielender aber einen falschen Verdacht, «stirbt» dieser sofort. Man muss es sich also gut überlegen, ehe man einen Verdacht äußert.

Variante
- Wenn ein Kobold/eine Fee einem Spielenden beim Erlösen zweimal auf den Kopf tippt, geht die Spezialrolle auf den neuen Spielenden über. So sind die Spezialrollen schwieriger zu entlarven.

Intensität:
Materialaufwand:
Zeitaufwand:

Es braucht
- 6–8 weiche Bälle

Die «Hohle Gasse»
Anzahl: 18–40

Es werden zwei Teams gebildet. Team A stellt sich mit allen verfügbaren weichen Bällen auf den beiden Grundlinien des Volleyballfelds auf. Auf der Mittellinie werden zu beiden Seiten des Feldes je zwei Schwedenkästen aufgestellt, die eine Art Gasse bilden. Team B stellt sich in einer Kolonne in Gasse 1 auf. Auf Signal verlässt Spieler 1 von Team B die Gasse 1 und läuft hinüber in Gasse 2. Dabei schlägt er Haken, wechselt Rhythmus und Tempo, um nicht vom Team A getroffen zu werden. Sobald er die Gasse 2 erreicht hat, läuft der nächste Spieler von Team B und so weiter, bis alle Spielenden Gasse 2 erreicht haben. Team A versucht derweil, die Spieler B möglichst oft abzuwerfen. Es darf nur von der Grundlinie geworfen werden, Bälle dürfen aber im Feld geholt werden. Die Spielenden von Team B können pro Lauf mehrfach getroffen werden. Anschließend erfolgt ein Rollenwechsel. Welches Team erzielt mehr Treffer?

Intensität: 🏃 🏃
Materialaufwand: 🏃
Zeitaufwand: 🏃 🏃

Es braucht
- 2 weiche Bälle, 2 Langbänke, Spielbändel

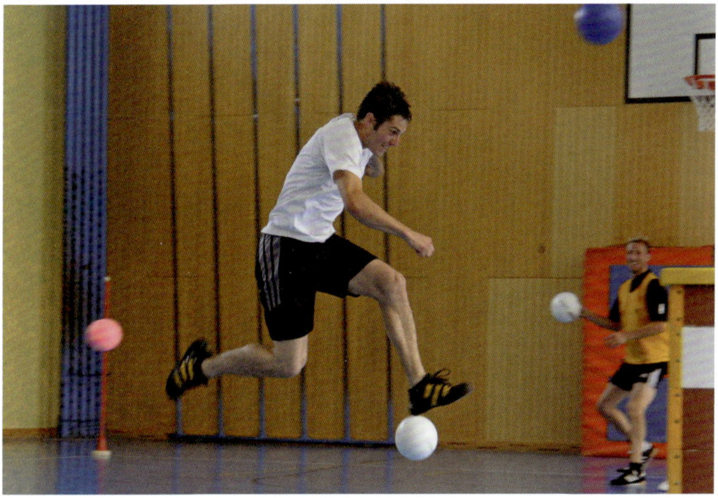

Action-Foto
«Hohle Gasse»

Meerhuhnjagd
Anzahl: 16–30

Zwei Teams spielen gegeneinander. Auf der einen Seite der Halle wird ein Hindernisparcours aufgestellt. Die «Meerhühner» müssen den Parcours bewältigen, ohne abgeworfen zu werden. Gelingt dies, darf ein «Ei» (kleiner Ball) aus dem Eimer am Ziel genommen werden. Dieses darf zurück zum Start transportiert werden. Dabei darf man nicht abgeworfen werden. Dann beginnt der nächste Versuch. Alle starten gleichzeitig; wer abgeworfen wird, verlässt den Parcours und geht an den Start zurück. Dort beginnt sofort der nächste Versuch. Die Jäger stehen hinter der Abwurflinie mit 6–10 weichen Bällen. Diese Linie darf beim Werfen nicht übertreten werden. 2–3 Jäger stehen hinter dem Parcours, um die Bälle zurück zu spielen. Nach 6 Min. erfolgt Rollenwechsel. Welches Team erobert mehr Eier?

Variante

- Verschiedene Objekte, die unterschiedlich viele Punkte geben, über den Parcours transportieren. Gelingt dies, ohne getroffen zu werden, darf das Objekt am Ziel deponiert werden.

Intensität: 3 von 3
Materialaufwand: 2 von 3
Zeitaufwand: 1 von 3

Es braucht

- 6–10 weiche Bälle, Spielbändel, kleine Bälle oder andere Objekte
- 2 Eimer, Material für den Hindernisparcours

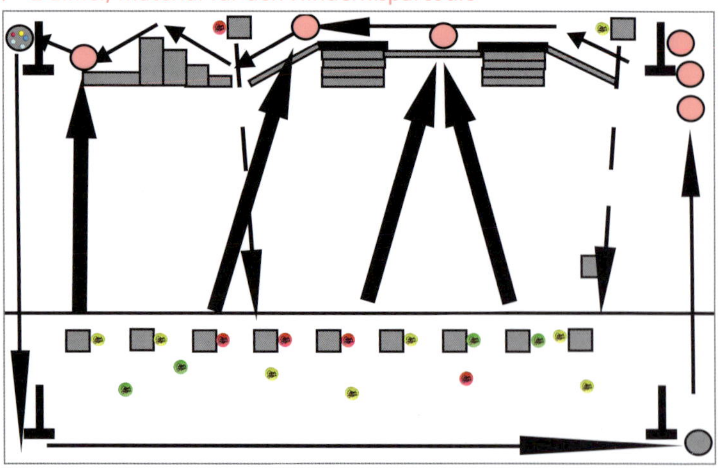

Organisationsskizze Meerhuhnjagd

Action-Foto
ure Bonbons

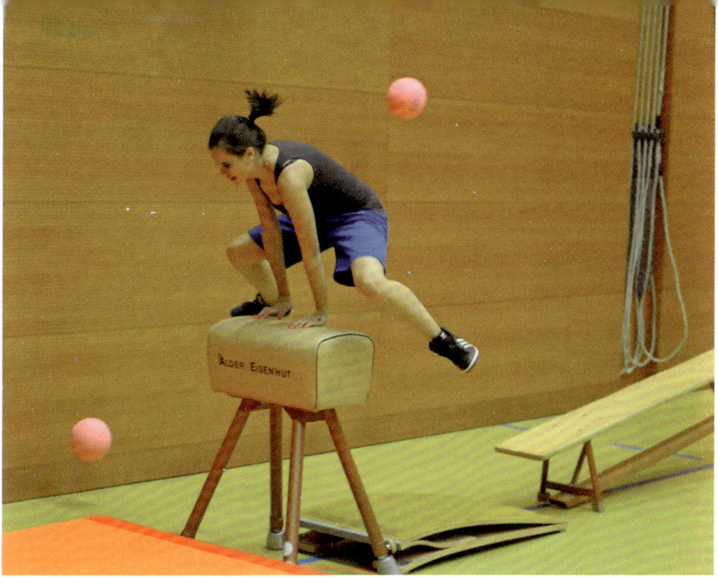

Saure Bonbons
Anzahl: 16–30

Es werden in allen vier Ecken des Volleyballfelds Matten platziert. Dazwischen wird ein Hindernislauf aufgestellt, der auch Elemente enthält, hinter denen man sich verstecken darf. Am Ziel des Parcours steht ein Eimer mit Bonbons. Team A stellt sich am Start des Hindernisparcours auf, Team B verteilt sich im Feld. Auf ein Signal des Spielleiters wirft das erste Zweierteam aus Team A zwei Bälle ins Feld, und versucht, den Parcours zu bewältigen, ohne von den Spielern B abgeworfen zu werden. Wer den Parcours absolvieren kann, ohne getroffen zu werden, nimmt einen Bonbon aus dem Eimer. Wer abgeworfen wird, kehrt an den Start zurück. Sobald keine Läufer mehr unterwegs sind, werden die Bälle zurück zum Start gespielt und das nächste Zweierteam kommt an die Reihe. ACHTUNG: Das Feldteam darf nur vom Feldinnern aus abwerfen. Welches Team erbeutet innerhalb von 6 Minuten mehr Bonbons ?

Intensität:
Materialaufwand:
Zeitaufwand:

Es braucht
- 2 weiche Bälle, Spielbändel
- Material für Hindernisse, Bonbons

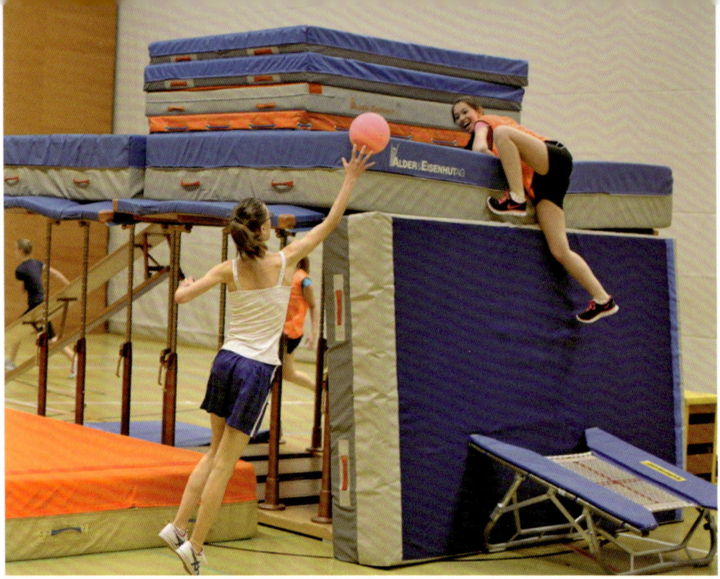

Action-Foto Matterhorn-Spiel

Intensivspiele

Matterhorn-Spiel
Anzahl: 16–30

Vorbereitung

Vier Barren werden parallel platziert, darauf werden im 90°-Winkel sechs dünne Matten gelegt, bis alle Holme bedeckt sind. Darauf kommen im 90°-Winkel zwei dicke Matten. Zuoberst kommen vier 16er-Matten und darauf ein Quietschhuhn. An der Frontseite des «Matterhorns» wird senkrecht eine dicke Matte angebracht, davor ein Minitramp aufgestellt. Auf der rechten Seite wird aus fünf Schwedenkästen eine Treppe gebaut. Auf der Hinterseite wird eine Bank befestigt. Auf der vierten Seite wird eine dicke Matte zum Herunterspringen platziert.

Ablauf

Es werden zwei Teams gebildet und es wird Brennball-ähnlich gespielt: Die Angreifer agieren in 2er-Teams. Sie werfen von der Grundlinie des Volleyballfelds her zwei weiche Bälle weg, laufen sofort los und versuchen, aufs «Matterhorn» zu klettern. Gelingt dies via Treppe, gibt's einen Punkt, via Trampolin drei Punkte und via Bank vier Punkte. Die Punkte zählen nur, wenn der Spieler auf der obersten Mattenschicht ist und mit dem Huhn quietscht, bevor er getroffen wird.
Es können beide angreifenden Spieler auf verschiedenen oder auch dem gleichen Weg punkten. Wenn ein Spieler getroffen wird, darf der andere trotzdem noch weiterklettern.

Die Spielrunde endet, wenn beide Spieler entweder auf dem Gipfel oder getroffen sind. Dann kommen die nächsten dran. So versuchen die Angreifer innerhalb von 7 Min. möglichst viele Punkte zu erzielen.

Das verteidigende Team erläuft sich sofort die Bälle und versucht die Kletterer abzuwerfen. Treffer via Geräte zählen dabei nicht. Spieler, die bereits das Huhn gedrückt haben, dürfen nicht mehr abgeworfen werden. Die Verteidiger dürfen weder im Weg stehen (Trampolin!) noch das «Matterhorn» betreten. Nach 7 Min. erfolgt Rollenwechsel.

Varianten

- Das Huhn an den Schaukelringen aufhängen, damit man sich ausstrecken muss, um es zu erreichen (zusätzliches Treffer-Risiko).
- In mehreren Hallenecken werden Schätze platziert (Eimer mit Klammern oder anderen Objekten). Wer es schafft, eine Klammer zu holen und danach aufs Matterhorn zu kommen, dessen Punktzahl zählt doppelt.

Intensität:
Materialaufwand:
Zeitaufwand:

Es braucht

- 2 weiche Bälle, Turnbändel, evtl. Objekte für Schätze
- 4 Barren, 4 dicke Matten, 6 dünne Matten, 4 16er-Matten
- 1 Bank, 5 Schwedenkästen, 1 Minitramp, Gummihuhn

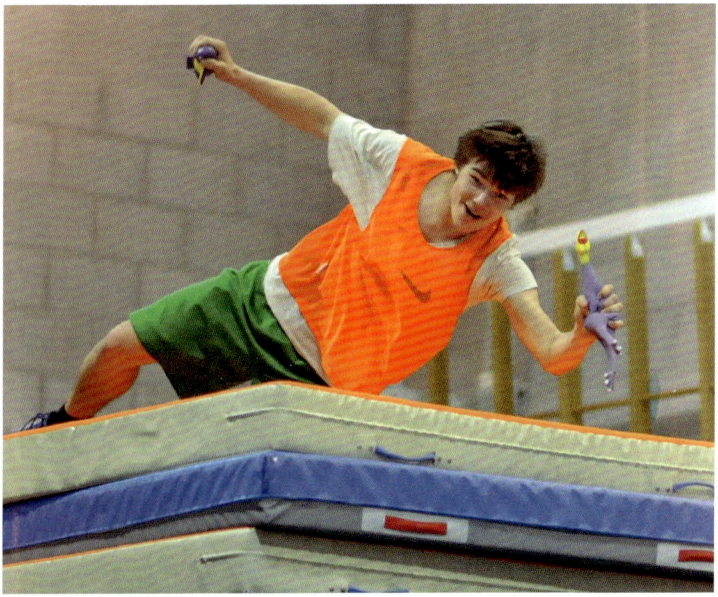

Action-Foto Matterhorn-Spiel

Intensivspiele

Burgschlacht
Anzahl: 18–36

Es werden zwei Teams eingeteilt. Jedes Team erhält den halben Gerätebestand und zwanzig Minuten Zeit. Während dieser Zeit darf in der eigenen Hallenhälfte eine Burg aufgebaut werden, die das Team repräsentiert und schützt. Jedes Team erhält einen Wagen/Kübel mit möglichst vielen Bällen (gleich viele pro Team). Auf «los» versuchen die Teams, sich gegenseitig zu treffen. Wer getroffen ist, setzt sich an die Seitenlinie. Das Team, das zuerst keine Spieler mehr hat, hat verloren. Das sind die Grundregeln. Noch spannender wird die Burgschlacht mit den untenstehenden Varianten.

Mit Zombies

Jedes Mal, wenn Team A einen Spieler von Team B trifft, darf ein ausgeschiedener Spieler von Team A wieder ins Spiel zurückkehren. Die abgeworfenen Spieler bilden am Rand eine Kolonne, damit alle eingewechselt werden.

Mit Burgfräulein

Jedes Team bestimmt ein Burgfräulein und einen Helden. Der Held ist unsterblich (darf beliebig oft abgeworfen werden und darf trotzdem weiter spielen). Wird das Burgfräulein abgeworfen, hat das Team verloren.

Mit Panzern

Es dürfen zusätzlich bewegliche Elemente eingesetzt werden, um sich zu schützen, z. B. fahrende Schutzeinrichtungen wie Mattenwagen mit Unihockeytor oder 16er-Mattenwagen. Es dürfen auch Matten getragen werden (s. Foto Seite 45).

Mit Schatz

Jedes Team versteckt in seiner Burg einen Schatz, das kann ein Karton mit Süßigkeiten oder auch einfach ein Basketball sein. Der Schatz muss innerhalb der Burg frei zugänglich sein. Das Team, das den Schatz erobern kann, hat gewonnen. Damit der Schatz als erobert gilt, muss er geholt und in die eigene Burg zurückgebracht werden, ohne dass der Eroberer getroffen wird. Der Schatz darf dabei unter den Spielenden gepasst werden. Wird man mit dem Schatz getroffen, muss der Schatz an dieselbe Stelle zurückgelegt werden, wo er gefunden wurde.

Mit Hofnarr

Der Narr ist zwar nicht unsterblich, wenn er getroffen wird, muss er ausscheiden, es dürfen aber alle Spieler, die vor ihm getroffen worden sind, wieder ins Feld zurückkehren.

Die Burgschlacht ist definitiv das zeitaufwändigste Spiel in diesem Buch. Es ist den Aufwand aber wert: Kleine und große Kinder lieben dieses Spiel über alles!

Intensität:
Materialaufwand:
Zeitaufwand:

Es braucht

- Alle zur Verfügung stehenden Geräte
- 10–15 weiche Bälle
- Spielbändel
- Evtl. Schatz

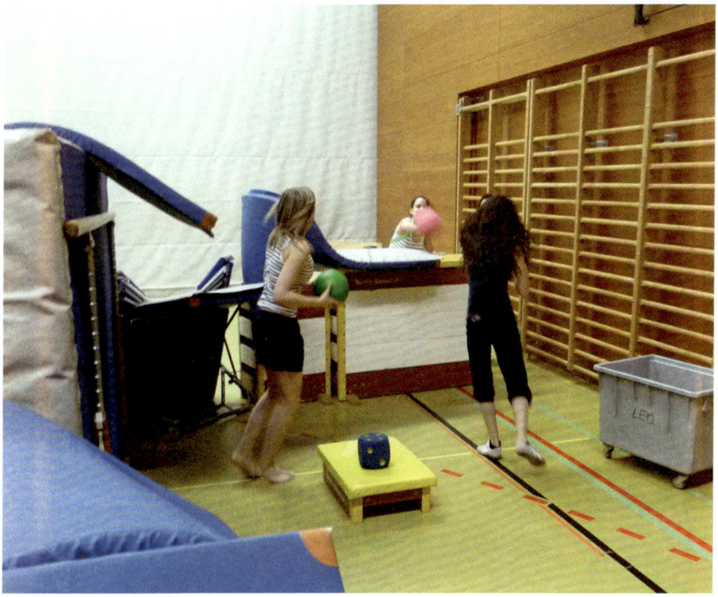

Action-Foto
urgschlacht
mit Schatz

Zweier-Flugfußball
Anzahl: 16–36

Diese Art des 2:2-«Bänkli-Fußball» ist auch für größere Klassen intensiver als man auf den ersten Blick glaubt. Es werden zunächst zwei große Teams gebildet. Diese stellen sich in der eigenen Platzhälfte an der Seitenlinie auf. Dann wird 2:2 übers ganze Feld gespielt und fliegend gewechselt, sobald ein Tor fällt oder der Spielleitende pfeift (wenn es zu lange dauert, maximal eine Minute). Als Tor gilt, wenn der Ball die Breitseite der Langbank trifft. Es werden immer alle vier Spieler ausgewechselt und es wird sofort dort weitergespielt, wo der Ball liegt. Es wird ohne Torhüter gespielt. Durch die kurzen Intervalle entsteht eine hohe Intensität. So gelingt es, mit dieser Form schon innerhalb von zehn Minuten auch eine große Klasse (25–30 Schüler) ganz schön ins Schwitzen zu bringen. Zudem kommt durch die vielen Zuschauer eine tolle Stimmung auf.

Intensität: ⚡⚡⚡
Materialaufwand: ⚡⚡
Zeitaufwand: ⚡⚡

Es braucht
- 2 Langbänke
- 1 Fußball
- Spielbändel

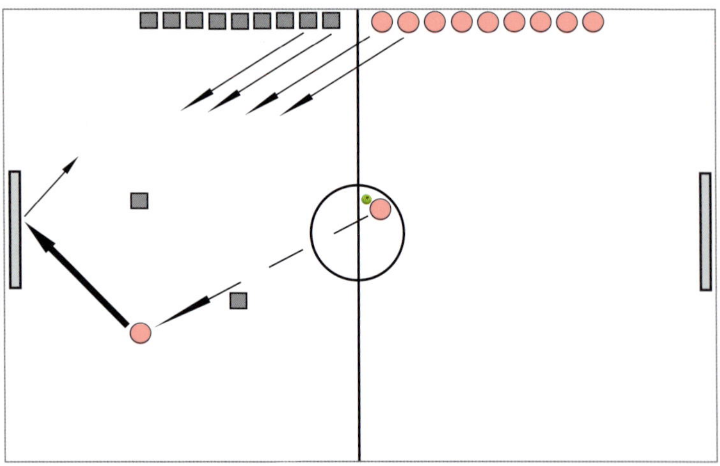

Organisationsskizze Flugfußball

Action-Foto Würfelfußball

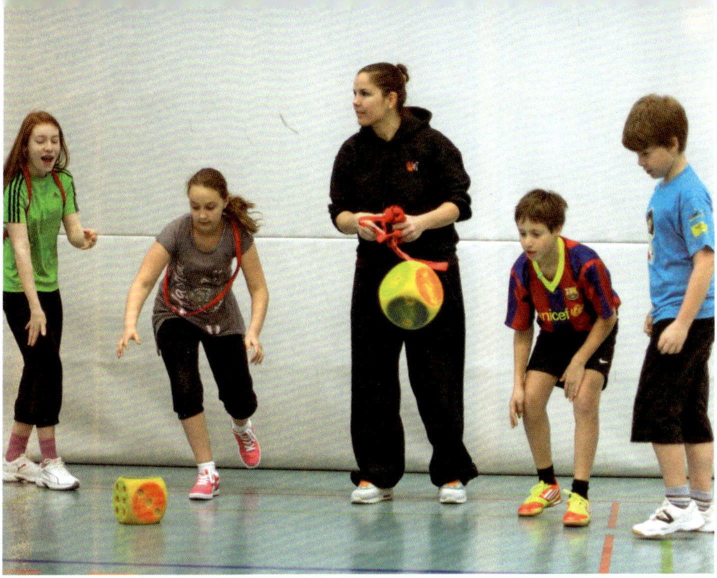

Würfelfußball

Anzahl: 16–36

Es werden wie im Zweier-Flugfußball zwei große Teams gebildet, die sich in der eigenen Platzhälfte an der Seitenlinie aufstellen. 2:2-Spielende eröffnen das Spiel. Ein Wechsel erfolgt immer bei Tor oder, wenn dies zu lange dauert, auf ein Signal des Spielleitenden hin. Der vorderste Spielende in der Kette der einwechselnden Spielenden hat jeweils einen Würfel. Während des Spiels wird gewürfelt. Beim Wechsel kommen dann so viele Spielende aufs Feld, wie Augen gewürfelt wurden (möglicherweise sind das dann zwei vom Team A und sechs von Team B!). Nach dem Wechsel würfeln sofort die nächsten Spielenden, und so weiter.

Intensität:
Materialaufwand:
Zeitaufwand:

Es braucht

- 2 Langbänke
- 2 Schaumgummiwürfel
- 1 Fußball
- Spielbändel

Intensivspiele

Glücksfußball
Anzahl: 16–30

Es werden zwei Teams gebildet. Nun wird in Blöcken à 3–4 Spielende mit einem Schaumgummiwürfel auf je zwei Langbänke gespielt, die in den Spielfeld-Ecken aufgestellt sind (Breitseite nach vorne). Wenn ein Tor erzielt wird (d. h. eine Bank getroffen wird), muss gewartet werden, bis der Würfel liegen bleibt. Die Anzahl Augen, die er anzeigt, so viele Punkte zählt das Tor. Sobald der Würfel still liegt, ruft der Spielleitende die Punktzahl. Dies ist das Signal für den nächsten Spielerblock zum fliegenden Einwechseln.

Varianten
- Dieses Spiel ist sehr gut mit fliegenden Blockwechseln spielbar.
- Funktioniert auch mit Basketball bestens (außer bei manchen Körben bleibt der Würfel hängen :-)). Ausprobieren!

Intensität:
Materialaufwand:
Zeitaufwand:

Torschützenkönig
Anzahl: 10–14

Zu Beginn des Spiels zählt jedes Tor fünf Punkte. Sobald ein Spielender ein Tor erzielt hat, wird sein nächstes nur noch vier Punkte zählen. Das übernächste drei, und so weiter. Wenn jemand bei null angekommen ist, ist er «Torschützenkönig» und wechselt ins andere Team. Dort beginnt er wieder mit 5 Punkten. Dafür wechselt ein anderer 5-Punkte-Spieler ins Team des Ex-Torschützenkönigs. Dieses Spiel kann auch sehr gut mit Basketball, Handball oder Unihockey gespielt werden. Bei schwächeren Spielgruppen eventuell mit maximal drei Zählern beginnen.

Intensität:
Materialaufwand:
Zeitaufwand:

Es braucht
- Glücksfußball: 1 Schaumgummiwürfel, 4 Langbänke, Turnbändel
- Torschützenkönig: 1 Fußball, Turnbändel, Notizmaterial

Action-Foto Striptease-Fußball

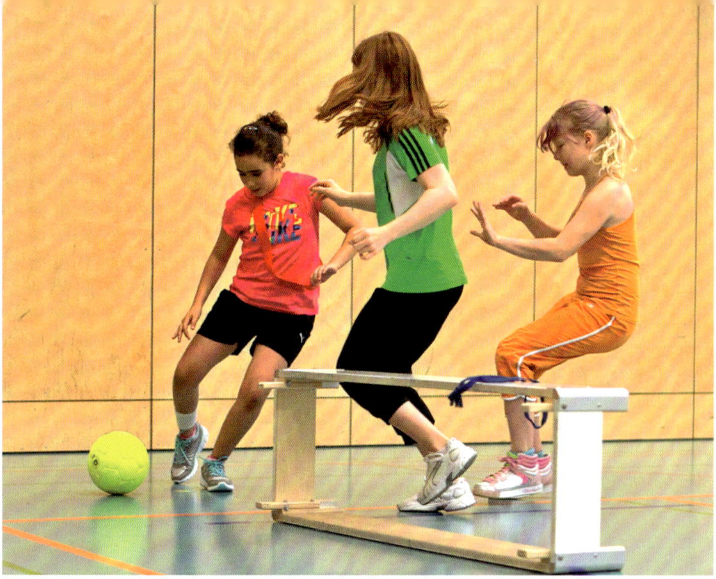

Striptease-Fußball
Anzahl: 16–30

Es werden zwei Teams à vier bis sechs Spielende gebildet. Jedes Team stellt auf der Grundlinie des Volleyballfeldes (auf der eigenen Spielfeldhälfte) je drei Kastenteile (oder andere Objekte, unter denen man durchschießen kann) auf. Der Abstand zwischen den Kastenteilen muss mindestens zwei Meter betragen. Auf die Kastenteile werden Kleidungsstücke (oder auch Überziehdresses, Turnbändel) gelegt.

Nun wird Fußball gespielt. Jedes Mal, wenn Team A durch ein Kastenteil von Team B schießen kann, muss Team B dort ein Kleidungsstück entfernen. Kastenteile, die keine Kleidungsstücke mehr darauf haben, kann man nicht mehr angreifen. Das Team, dessen Kastenteile zuerst alle leer sind, verliert.

Dieses Spiel kann man auch mit unausgeglichenen Teams gut spielen, da die Trefffläche immer kleiner wird, je mehr Tore man schießt.

Intensität: 3/3
Materialaufwand: 2/3
Zeitaufwand: 1/3

Es braucht
- 2 Tore oder Langbänke, 1 Fußball
- Spielbändel

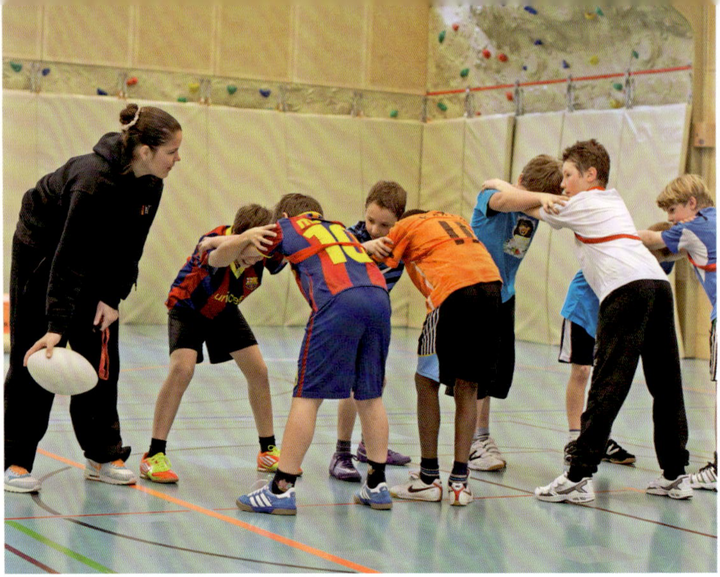

Action-Foto Sissy Rugby: Einwurf

Intensivspiele

Sissy Rugby
Anzahl: 16–24

Auf die Grundlinien des Volleyballfeldes werden dicke Matten platziert. Ziel des Spiels ist es, dass ein Spieler mit dem Rugby-Ei auf die gegnerische Matte kommt (s. Bild S. 24). Das gibt einen Punkt. Dann darf er den Ball vom Handball-Penaltypunkt ans Basketballbrett kicken. Trifft er, zählt der Punkt doppelt und das gegnerische Team erhält Abwurf hinter der Matte. Falls nicht, geht das Spiel weiter, wo der Ball herunterfällt mit dem, der ihn zuerst hat.

Ferner gelten folgende Spielregeln:

- Man darf nicht auf der Matte auf den Ball warten.
- Man darf mit dem Ball laufen, so weit man kommt.
- Passen darf man von Hand nach rückwärts und seitwärts, mit dem Fuß in alle Richtungen. Wird dies missachtet, erhält das gegnerische Team Ballbesitz am Ort des Vorfalls.
- Verteidigt werden darf von der Gürtellinie aufwärts, aber nur am Rumpf und an den Armen.
- Wird das Gerangel zu wild, wird abgepfiffen und es gibt «Einwurf» (siehe S. 51 oben). Sobald der Spielleiter den Ball freigibt, dürfen sich alle darauf stürzen.
- Mit «Einwurf» beginnt auch das Spiel.
- Beim Kick darf niemand in der Schusslinie stehen
- Für den Kick fixiert der Spielleitende den Ball mit einem Finger senkrecht am Boden (s. auch Bild Seite 51 unten).

Varianten

- Sissy Rugby kann sehr gut mit fliegenden Blockwechseln gespielt werden. Hierzu die Teams in Blöcke à 5–8 Spielende einteilen. Immer nach 1–2 Minuten oder aber wenn das Gerangel ausartet, wird ein Wechsel gepfiffen.
- In gemischten Klassen kann je ein Damen- und ein Herrenblock gebildet werden, sodass immer Damen gegen Damen respektive Herren gegen Herren spielen.

Intensität:
Materialaufwand:
Zeitaufwand:

Es braucht

- 2 dicke Matten
- 2 Basketballbretter
- 1 Rugby-Ei
- Spielbändel

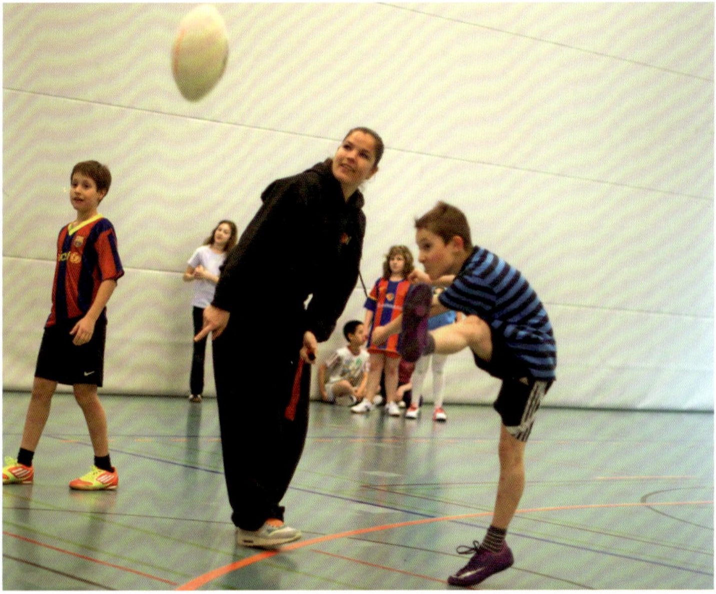

Action-Foto Sissy Rugby: Field Kick

Anhang

Legende zu den Skizzen

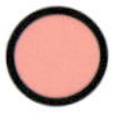 Angreifer/Spielender von Team A

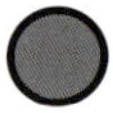 Verteidiger/Spielender von Team B

 Ball

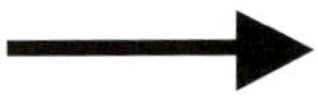 Laufweg ohne Ball

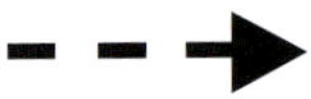 Pass oder Wurf

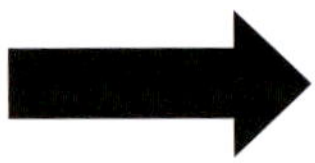 Schuss/Abwurf

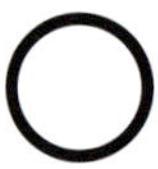 Reifen

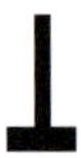 Malstab

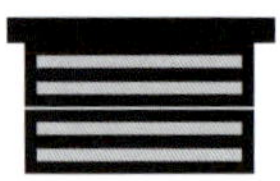 Schwedenkasten

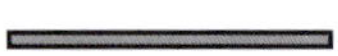 Langbank

 Objekt (Schatz, etc.)

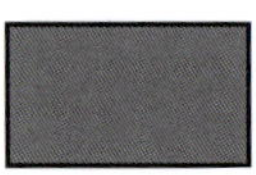 Matte

Fotos

Texte und Skizzen sind hilfreich, um Inhalte zu erklären und zu visualisieren. Um die Stimmung und die Freude einzufangen, die die Arbeit mit den Bällen bereitet, eignen sich Fotos viel besser. An dieser Stelle möchte ich allen «Fotomodellen» ein ganz großes Dankeschön aussprechen: den Teilnehmern meines Workshops «Ballspiele» an der Polysportiven Woche des SVSS und jenen der Workshops «Small Games» in Vierumäki (FI), Mals (IT) und Taipei (Taiwan). Ferner den Kindern der Primarschule Liebrüti sowie den Schülerinnen und Schülern des Gymnasiums Leonhard Basel.

Muriel Sutter, im April 2013

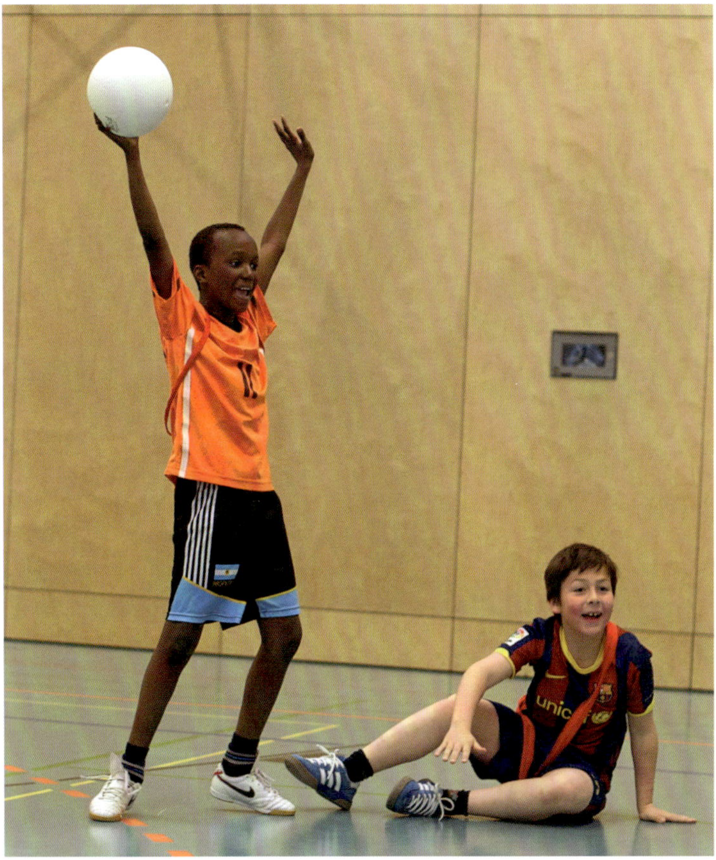

Quellen und Literatur

Die Spielformen im vorliegenden Band sind vor allem bei der täglichen Arbeit in der Sporthalle entstanden. Viele Schüler*innen und Kolleg*innen haben Ideen, Varianten und Regeln zu den Formen beigetragen – auch Bücher und Videospiele haben Inspiration geliefert. Anbei findet sich eine Auswahl an Literatur, die bei der Entstehung von «Burner Games» eine bedeutende Rolle gespielt haben:

- Leue, W. & Glorius, S. (2005). Neue Ballspiele. Praxiserprobte Spielideen für Freizeit, Schule und Verein. Aachen: Meyer & Meyer.
- Sinning, S. & Lange, A. (2011). Neue und bewährte Ballspiele. Wiebelsheim: Limpert.
- Döbler, H. & E. (1963). Kleine Spiele – Ein Handbuch für Schule und Sportgemeinschaft. Berlin: Volk und Wissen Volkseigener Verlag.
- Hotzenköcherle, H. R. (1976). 111 Spiele. Winterthur: Verlag der Zürcher Kantonalen Mittelstufenkonferenz.
- Rauchmaul, S. (1967). 100 Kleine Spiele. Berlin: Sportverlag.
- Henning, E. (Hrsg.) (1956). 87 Englische Spiele. Ein Anleitungsbuch für frohe Spiele in der Schule und Jugendgruppe. Frankfurt: Wilhelm Limpert.

Materialtipps

Für den ultimativen Spielspaß haben wir eine Sammlung von ganz speziellem Material kreiert. Bezugsquelle CH: www.burnershop.ch

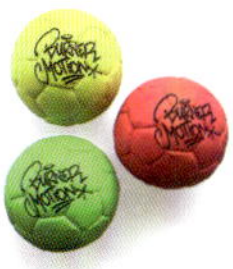

Burner Motion Ball – Das Original

Der Burner Motion Ball wurde speziell für die Burner Games entwickelt. Er hat eine griffige, weiche Oberfläche und ein flexibles Innenleben für schnelle, präzise Würfe, die bei Treffern nicht schmerzen.

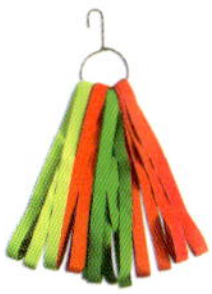

Burner Fluo Flex Bändeli

Mit den Fluo-Spielbändeln gibt es nie mehr Team-Verwechslungen. Die Elastizität schafft Komfort und senkt die Verletzungsgefahr.

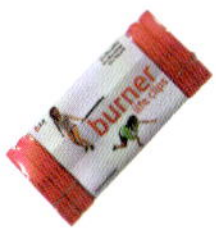

Fluo Life Clips

Die leuchtenden Fluo-Klämmern können wahlweise Leben, Kristalle, Seelen oder andere symbolische Rollen übernehmen.

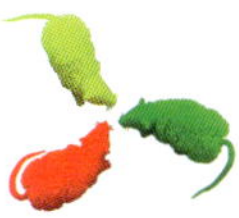

Burner Vinyl Viecher

Die weichen und leuchtenden Tierchen eignen sich perfekt als Sammelobjekte für Stafetten, oder aber leichte Wurfobjekte.

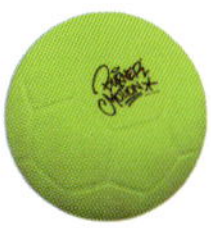

Burner Sissy (Fuß)bälle

Die attraktiven Fluo-Foamballs sind genauso stylish, aber etwas weniger tough als die Burner Motion Bälle. Besonders der Sissy-Fußball ist ein Segen für heterogene Klassen.

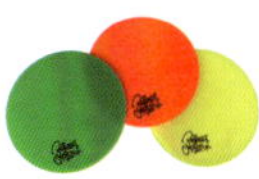

Heavy Duty Fluo Floorpads

Die praktischen Pads haften auf jedem flachen Untergrund und sind durch leuchtende Fluo-Farben sehr gut zu erkennen.

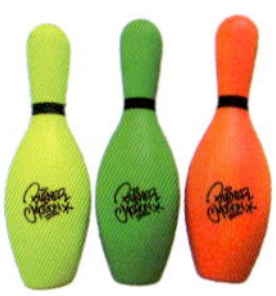

Fluo Foam Kegel

Die weichen, stabilen Kegel in attraktiven Fluo-Farben aus Foam garantieren maximalen Spielspaß ohne Verletzungsrisiko.

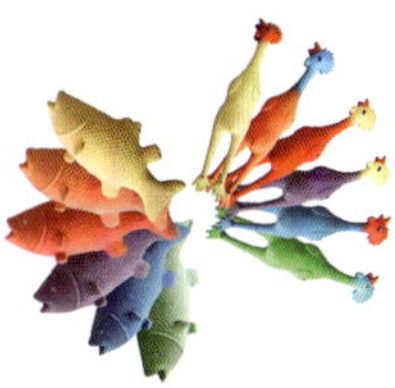

Burner Moorhühner & Feuerfische

Die quietschenden Gummitiere sind sehr stabil und eignen sich für unzählige Wurf-/Fang-/Laufspiele und Stafetten.

Bibliografische Information der Deutschen Nationalbibliothek

Die Deutsche Nationalbibliothek verzeichnet diese Publikation in der Deutschen Nationalbibliografie; detaillierte bibliografische Daten sind im Internet über http://dnb.d-nb.de abrufbar.

Bestellnummer 2914

www.hofmann-verlag.de

4. Auflage 2022

Erschienen als Band 1 der
Reihe Burner Motion

Fotos: Christian Rosenberger
Layout: Mirjam Stücker-Allenspach

Druck: Druck- und Kalender-Marketing Sosset GmbH, Kißlegg

Printed in Germany ·
ISBN 978-3-7780-2914-5